Svenja Strohmeier

Klassenwerte statt Klassenregeln

Praxismaterial für ein besseres Lernklima

Cornelsen

Impressum

Autorin dieses Bandes

Svenja Strohmeier ist Lehrerin an der Marion-Blumenthal-Oberschule in Hoya. Sie studierte die Fächerkombination Englisch und Geschichte an der Universität Hildesheim.

Alle aufgeführten Systeme und Tools stellen nur Beispiele für die Unterrichtsgestaltung dar. Bitte stimmen Sie sich mit Ihrer Schulleitung dazu ab, welche Systeme oder Tools an Ihrer Schule im Rahmen der Unterrichtsgestaltung genutzt werden dürfen.

Projektleitung: Maren Krüger, Berlin
Redaktion: Katia Simon, Essen
Umschlagkonzeption/-gestaltung: Corinna Babylon/Jule Kienecker, Berlin
Umschlagabbildung: Shutterstock.com/Rawpixel.com
Layout/technische Umsetzung: krauß-verlagsservice, Ederheim/Hürnheim
Hintergrundmusik der Meditationen (Webcodes): Nico Zandomeneghi

HINWEIS WEBCODE
Wird in diesem Buch auf Webcodes verwiesen, können Sie Zusatzmaterialien aus dem Internet herunterladen. Sie finden dazu eine Buchstabenkombination an der jeweiligen Stelle im Buch. Geben Sie diese unter www.cornelsen.de/codes ein, um zu den Materialien zu gelangen.

www.cornelsen.de

1. Auflage, 3. Druck 2025

Druck: Cornelsen Verlagskontor, Bielefeld

ISBN 978-3-589-16762-3 (Print-Ausgabe)
ISBN 978-3-589-16794-4 (PDF)

Inhalt gedruckt auf säurefreiem Papier aus nachhaltiger Forstwirtschaft.

Inhaltsverzeichnis

Vorwort

Dieses Buch schreibe ich in der Zeit zwischen 2019 und 2020 mit 31 Jahren, nachdem ich einige Schulhalbjahre mit den Methoden und neuen Ansätzen, die in diesem Buch beschrieben sind, hantierte, sie erarbeitete, eintauschte, austauschte, verwarf, veränderte, reflektierte und schließlich zu einer Fortbildung, einem Online-Kurs und zu diesem Buch zusammenstellte. Es stellt eine Einladung dar an Sie, lieber Kollege und liebe Kollegin, Ihren Beruf auf eine Art und Weise zu verstehen, die sich **nicht der puren Wissensvermittlung** verschreibt, sondern dem **Sehen, Wahrnehmen und Fördern des ganz eigenen Strahlens jedes einzelnen Kindes**. Dafür braucht es keine massive Mehrarbeit, keine Einzelförderung und keine zusätzlichen Sprechstunden, die Ihr Schulkontext nicht hergibt. Sie brauchen keine weiteren realitätsfernen Ideen, Ansprüche und Mehrbelastungen, die Sie nur wieder an Ihre eigenen und den fremden Ansprüchen scheitern und verzweifeln lassen. Für eine neue Art des Umgangs braucht es lediglich grundsätzliche Überlegungen, Einstellungen und eine Festigung des eigenen Selbst sowie eine Definition der eigenen Rolle in der Welt. Wenn Sie den Einstieg in die **Arbeit mit Werten**, den dieses Buch Ihnen anbietet, erst einmal geschafft haben, passt die Methode bequem in die Anfangs- oder Schlussphase jeder Unterrichtsstunde, indem Sie diese in die Thematik der jeweiligen Stunde einarbeiten.

Im Schulkontext höre ich so oft und immer wieder den Aufschrei nach „mehr Disziplin", „mehr Respekt" und nach „früheren Zeiten", in denen „ganz andere Inhalte vermittelt werden konnten". Kinder und Jugendliche testen der Erfahrung der Teilnehmenden meiner Fortbildungen nach im Schulalltag Grenzen mit immer radikaleren Methoden aus. Das wird oft persönlich genommen und belastet den Schulalltag enorm. Lösungen müssen her, da das kindliche Gehirn sich offenbar verändert hat, und weder die angebotene Pädagogik noch die Psychologie in der Aus- oder Fortbildung für Lehrkräfte scheint Lösungen bieten zu können.

JEDE UNSERER HANDLUNGEN HAT EINE POSITIVE GRUNDMOTIVATION

Ich möchte dazu folgenden Grundsatz mit Ihnen teilen: Jede unserer Handlungen – möge sie noch so respektlos oder *daneben* sein – ist positiv motiviert. Kein Kind wacht morgens auf und beschließt: „So, ab heute bin ich mal ein nerviger Störenfried." (Wenn ich diesen Satz in einem Gespräch fallen lasse, benutze ich ein anderes Wort.) Wir dürfen aufhören, das Verhalten der Kinder und Jugendlichen als Angriff auf unsere Persönlichkeit, unsere Lehrkompetenz oder pädagogische Kompetenz zu verstehen, uns angegriffen sowie im Nachgang hilflos und ohnmächtig ob dieser „unmöglichen neuen Jugend" zu fühlen. Warum? – Weil die Bedingungen, unter denen sich die heutigen (Schul-)Kinder so entwickelt haben, nichts mit uns persönlich zu tun haben. Die Muster und Programme, die sie ausführen und ausleben, sind im Kern positiv motiviert und zielen darauf ab, eigene Bedürfnisse zu erfüllen, die ihnen bisher versagt wurden. In der Wahl der Mittel sind die Kinder und Jugendlichen mehr oder weniger frei, wenn auch manche Verstöße uns sehr originell erscheinen mögen.

DAS GRÖSSTE GESCHENK AN EINEN MENSCHEN IST ES, IHN WIRKLICH ZU SEHEN

Für viele Kinder und Jugendliche ist es ein entscheidender Moment in ihrem Leben, wenn jemand versucht, sie wirklich zu sehen und ihre Beweggründe zu verstehen. Wenn sie merken, dass sie jemandem tatsächlich am Herzen liegen und zu der Person werden, die sie wirklich sind, wenn sie herausfinden, was sie besonders gut können, wie sie sich in eine Gemeinschaft einbringen und diese voranbringen können – dann können Wunder geschehen.

Die vielen Angebote in diesem Buch eröffnen Ihnen den Weg in eine neue Unterrichtskultur, die die Schüler*innen selbst mit ihrer Individualität, ihren Werten und Bedürfnissen in den Vordergrund stellt. Fühlen sie sich gesehen, verstanden und aus sich selbst heraus *richtig*, haben sie keinen Grund, zu rebellieren oder immer neue Grenzen auszutesten. Wenn wir als *Vor-Bilder* (mehr dazu im Kapitel *Kleine Vorüberlegungen: Was braucht es von uns als Lehrkraft?*, ab Seite 20) diese Jugendlichen das erste Mal wirklich *sehen* und realisieren, dass jeder Mensch als Genie geboren wurde[1] und durch Sozialisation und Umfeld auf das beschränkt wurde, was im Lebenskontext unserer Welt erwünscht ist, dann verändert sich ihre und unsere Selbstwirksamkeit und die Rolle, die Sie selbst und Ihre Schüler*innen in der Welt einnehmen.

Sie können die wertebasierte Pädagogik, die den Überbegriff zu den Inhalten, Übungen und Formaten darstellt, die Sie u. a. in diesem Buch finden, in der Schule nicht nutzen, ohne Ihre eigenen Werte, Programme, Muster und Beziehungen zu erforschen, zu hinterfragen und neu zu ordnen. Und das ist die gute Nachricht: Dieses Buch wird nicht nur Ihre Schüler*innen und deren Potenzial entfalten, sondern auch bei Ihnen einiges ans Licht bringen und wecken. Und das wird eine aufregende Reise.

DIE WERTEBASIERTE PÄDAGOGIK VERÄNDERT VOR ALLEM DIE KLASSENGEMEINSCHAFT

In einer Klassengemeinschaft, in der die in diesem Buch vorgeschlagene und in jedem Jugendlichen vorhandene Vielfalt gelebt und gefördert wird, gibt es selten *Disziplinprobleme*, weil die Schüler*innen nicht durch das permanente Austesten von Grenzen und das Rebellieren gegen Regeln davon abgelenkt sind, Unterrichtsinhalte zu erlernen sowie mit und an ihnen zu wachsen.

Wenn Sie jetzt Lust verspüren, diese neue Art der Pädagogik kennenzulernen und in Ihren Schulalltag einzubringen, wenn Ihr Herz klopft und Sie dieses Kribbeln im Sinne von „Bin ich nicht vielleicht deshalb auch in den Lehrberuf gegangen?“ verspüren, dann wird Sie dieses Buch gerne auf diesem Weg begleiten.

Am Ende einiger Kapitel finden Sie ein Arbeitsblatt mit guten Fragen, weil diese Türöffner sind. Sie werden lernen, sich diese aktiv zu stellen und sich damit selbst zu erforschen. In meinen Fortbildungen merke ich immer wieder, dass es ein Problem ist, dass wir in der Schule sehr viel lernen – nur nicht, wer wir wirklich sind. Das holen wir im Laufe der Arbeit mit diesem Buch nach, und wenn Sie erst den Spaß daran gefunden haben, sich selbst zu erforschen, werden Sie dieses auch mit Freude und Elan auf Ihre Schüler*innen übertragen können. Es ist kein Hexenwerk, die eigenen Werte und Bedürfnisse herauszufinden, doch die wenigsten von uns bekommen das von zu Hause oder während der eigenen Schulzeit mit. Darum lassen Sie uns gleich mit dem Abenteuer starten!

ZUM UMGANG MIT DIESEM BUCH

Dieses Praxisbuch richtet sich vornehmlich an die Lehrkräfte der Schuljahrgänge 5 bis 13. Es bietet Ihnen die Möglichkeit, zuerst in die Theorie und die neurobiologischen und psychologischen Grundlagen einzusteigen, bevor Sie die praktischen Umsetzungen dieser theoretischen Inhalte kennenlernen.

Sie müssen die Theorie jedoch nicht unbedingt durcharbeiten, wenn Sie sofort beginnen möchten. Starten Sie jedoch bitte nicht mit einem Kaltstart mit dem Wertetyptest in der Klasse.

1 Vgl. Hüther, Gerald/Hauser, Uli (2012): Jedes Kind ist hochbegabt. Die angeborenen Talente unserer Kinder und was wir aus ihnen machen. Albrecht Knaus Verlag, S. 25.

Es empfiehlt sich wirklich, das jeweilige Kapitel der Methode im Gesamten zu lesen, um diese dann umzusetzen. Dieses Arbeitsbuch ist für die Praxis in (vor allem auch problematischen) Klassenräumen geschaffen.

Jede der in diesem Buch vorgeschlagenen vier Säulen der wertebasierten Pädagogik kann einzeln verwendet werden. Die Säulen bauen allerdings auch sehr stimmig aufeinander auf, so Sie dies möchten.

AUF IN EINE NEUE ZUKUNFT FÜR IHRE KLASSENGEMEINSCHAFT

Ich freue mich so sehr, dass Sie bereit sind, einen wirklichen Unterschied in Ihrem Schulalltag zu machen und für die Jugendlichen, die Sie in die Zukunft entlassen, ein Leuchtturm zu sein. Sie reihen sich damit ein in eine Bewegung, die (beginnend 2020) bereits an mehreren Schulen Deutschlands didaktisches Leitprinzip geworden ist, und damit wirklich einen Unterschied bewirkt. Eine Schullizenz für die wertebasierte Pädagogik haben bereits acht Schulen in verschiedenen Bundesländern erworben, mehr als 300 Lehrkräfte haben die Live- und die Onlinefortbildung „Werte statt Regeln im Klassenraum" absolviert und nutzen diese Prinzipien im täglichen Unterrichtsrahmen.

Ich möchte Sie einladen, sich das herauszupicken, was Sie anspricht, denn dann agieren Sie authentisch. Nutzen Sie das Buch wie ein Buffet, nehmen Sie, was Ihnen gefällt und selbst gut tut, was Sie gut vertreten können und was mit Ihren persönlichen Werten konform geht. Dann werden Sie automatisch alles richtig machen. Nutzen Sie die Methoden, die vor allem auch im Selbstversuch für Sie selbst gut funktionieren, und geben diese Inhalte mit der gleichen Begeisterung an Ihre Schüler weiter, mit der Sie damals in diesen Lehrerjob gegangen sind: Um das Leben von Jugendlichen positiv zu beeinflussen. Ich hoffe, diesen Funken in Ihnen wiedererwecken zu können, falls dieser verloren gegangen ist. Und falls Sie die Hoffnung bereits verloren haben sollten, beachten Sie Folgendes:

Wenige verändern vieles

Zukunftsforscher wie Tristan Horx sagen, dass lediglich bei drei Prozent eines noch so starren Systems eine Veränderung eingeleitet werden muss, um das gesamte System zu verändern. Lassen Sie uns diese drei Prozent sein![2]

Check-up: Einführung

In diesem Kapitel haben Sie gelernt, dass jede unserer Handlungen eine positive Grundmotivation hat. Sie haben erfahren, dass es uns allen ein tiefer Wunsch ist, wirklich verstanden und gesehen zu werden in unseren Bedürfnissen, unseren Werten und der Person, die wir in dieser Welt sind. Sie haben ebenfalls gelernt, sich selbst wieder die Frage zu stellen, warum Sie in den Lehrberuf gegangen sind und wer Sie in dieser Rolle sein möchten. Und schließlich habe ich sie ermutigt, zu den drei Prozent der Menschheit zu gehören, die in einem System eine Veränderung einleiten, denn es braucht lediglich diese drei Prozent. Und das sollte doch zu schaffen sein, meinen Sie nicht?

---

2 Vgl. Dämon, Kerstin (2015): Computer können Jobs von 4,4 Millionen Deutschen übernehmen. In: WirtschaftsWoche 16.12.2015. https://www.wiwo.de/erfolg/beruf/studie-digitalisierung-und-arbeitsplaetze-welche-jobs-betroffen-sind/12724850-2.html [abgerufen: 10.11.2020]

1 | Eine veränderte Welt benötigt eine veränderte Schule

Mit Fug und Recht steht im Raum, dass sich die Pädagogik in den vergangenen Jahrzehnten mit zahlreichen Ansätzen alle Mühe gegeben hat, den Kindern und Jugendlichen von heute gerecht zu werden. Dass die zunehmende Digitalisierung unter anderem Smartboards notwendig macht, um einerseits qualitativ hochwertigen Unterricht bieten zu können und andererseits lernschwachen Schüler und Schülerinnen mit Bild und Ton Lernstoff zugänglich zu machen auf einem Kanal, den das junge Gehirn gewohnt ist, haben viele bereits erkannt.

Die Hirnforschung zeigt uns deutlich, wie verändert das junge Gehirn und die Aufnahmekanäle sind, die sich unter den heutigen Einflüssen in der Welt bilden. Wie sollen in einer Generation, in der Werte von der Bildungsschicht abhängig entweder sehr stark oder gar nicht thematisiert werden, junge Erwachsene heranreifen, die sich selbst wirklich kennen? Wie sollen sie sich denn kennenlernen, wenn sie selten mit ihrem wirklichen inneren Kern konfrontiert werden? Und wie sollen diese Kinder und Jugendlichen sich selbst, ihre Werte und Bedürfnisse erkennen und somit einen großen Teil Lebensfähigkeit erlangen in einer Welt, die ihre Identität und ihre Selbstverwirklichung *benötigt*, um in der Globalisierung, der Pandemie und der Klimakrise dieses Planeten das Ruder auf Kurs zu bringen?

ZIELE DER WERTEBASIERTEN PÄDAGOGIK

Der Begriff „wertebasierte Pädagogik" definiert eine Art von Pädagogik, die alle Beteiligten an der Schule mit ihren individuellen Werten und Bedürfnissen in den Mittelpunkt stellt und dies als Ausgangslage eines gelingenden sozialen Miteinanders und damit verbunden eines gelingenden Unterrichtsalltags wie auch einer gelingenden Vermittlung von Lerninhalten anbietet.

Anstatt auf die immer gleichen Klassen- und Schulregeln zu verweisen und damit alle Lernenden und jede Lehrperson sowie jedes Klassengefüge *über einen Kamm zu scheren* und allen vorzuschreiben, was ihnen wichtig sein sollte (und oft keinerlei Mehrwert oder realistischen Lebensweltbezug für die Schüler oder Schülerinnen bietet), fußt und verlässt sich die wertebasierte Pädagogik darauf, dass jeder Mensch einzigartig ist. Vor diesem Hintergrund treten *Disziplinprobleme* oder andere Lernhinderungsgründe kaum in den Vordergrund. Eine Klassenraumatmosphäre von gegenseitigem Respekt und Vertrauen aus der Gewissheit, sich auf die anderen an Schule Beteiligten, ihren Respekt und ihre Integrität verlassen zu können, ist das Ziel dieser Pädagogik.

So wird ein äußerst fruchtbares und massiv verändertes Lernklima geschaffen. Schüler*innen dürfen lernen, dass kein Mensch ohne Fehler ist und dass es im Leben nicht darum geht, möglichst perfekt und glatt *durchzukommen*, sondern die Erforschung und Erfüllung des eigenen Selbst im Vordergrund stehen und jederzeit mit dem Erwerb von Wissen einhergehen dürfen.

Lebensglück erfahren

Zu erforschen wer ich wirklich bin, was mich glücklich macht und erfüllt, und das auch leben zu können sowie dann ein Berufsleben darum herum aufzubauen, ist ein massiver Faktor für das Erfahren von Lebensglück, anstelle eines Lebens im Funktionier-Modus.

Unsere Welt und unsere Wirtschaft benötigt junge Menschen, die kreativ und visionär ihren Weg gehen. Das Gegenteil ist momentan in und nach der zwölfjährigen Schulausbildung die Regel. Mehr oder weniger konforme junge Menschen entwachsen der Schule, nachdem sie ihre

Individualität an der Schwelle abgelegt haben, um möglichst gut durch die Schuljahre zu kommen. Dass das nicht Sinn und Ziel von Schule sein kann, sehen wir in der veränderten Schülerlandschaft! Betriebe beklagen die Unmöglichkeit der Ausbildung der Jugend, massive Lücken und fehlendes Grundwissen, obwohl sich doch die Inhalte der Curricula in den vergangenen zwanzig Jahren nicht grundlegend verändert haben. Was ist also passiert, dass diese Schüler*innen oft gar nicht mehr in der Lage sind, bei gleicher Unterrichtsstoffvermittlung die gleichen Inhalte zu bearbeiten wie vor zehn Jahren?

WAS BRAUCHT UNSERE WELT?

Gleichzeitig braucht diese sehr komplexe und sich stetig verändernde Welt mündige Bürger in unserer Demokratie, um etwas zu bewegen. Die Lücke zwischen den jungen Menschen, die die Welt braucht, und den jungen Menschen, die wir in die Welt entlassen, könnte momentan nicht größer sein. Was brauchen Schüler*innen denn heute, um ihr Potenzial zu entfalten und sich selbst kennenzulernen?

Viele Berufe wandeln sich massiv

In zwanzig Jahren werden mehr als die Hälfte der heutigen Jobs durch Robotik ausgeführt werden. Das sogenannte „Substituierbarkeitspotenzial" liegt bei manchen Berufsgruppen bei fast 90 Prozent.[3] Dann braucht es junge Menschen, die sich selbst kennen und wissen, was sie können und beitragen möchten in dieser Welt.

Dass Schule momentan nur in den Curricula festgeschriebenen Bereichen Potenzial entfaltet, ist kein Geheimnis. Dass unsere Jugendlichen gleichzeitig deutlich vielfältiger sind, ist ebenfalls nicht unbekannt. Aber wir nutzen und wir erwecken das nicht! Und die Bereiche der Lebenswelt, die diese Lücke aufgefangen haben, schwinden mehr und mehr. Erfahrungen in der Realität werden ersetzt durch virtuelle Abenteuer, die andere neuronale Netzwerke stärken als diejenigen, für die unser Gehirn evolutionsbiologisch geschaffen wurde.

EINE KLEINE EINFÜHRUNG IN DIE NEUROBIOLOGIE – WIE LERNEN WIR?

Lassen Sie uns einen Blick auf die neurobiologischen Grundlagen der Entwicklung unserer Jugendlichen werfen. Kinder lernen alle Fähigkeiten in jungen Jahren durch Ausprobieren und Wiederholen. Sie sammeln Erfahrung. Einen Nagel an exakt dem richtigen Punkt in eine Bretterbude zu schlagen, sodass diese Schutz vor Wind und Wetter bietet, lässt beispielsweise Problemlösekompetenz und Frustrationstoleranz im Gehirn entstehen.

Wir alle lernen uns selbst kennen durch Erfahrungen und durch Herausforderungen im Leben. Eine Krise lässt uns wachsen, eine Krankheit lässt uns dankbar auf das schauen, was vorher selbstverständlich war. Durch diese Erfahrungen und Konfrontationen im sozialen Miteinander oder in Verbindung mit der Außenwelt werden neuronale Verbindungen geschaffen. Ein Blick und ein Gefühl für die eigene Freude und für Talente des Ichs werden entwickelt und geschärft. Was kann ich gut, was macht mir Spaß? Worin könnte ich meine Talente in der Zukunft anwenden? Wobei blühe ich richtig auf, und worin bin ich besonders?

---

3 Vgl. Dengler, Katharina/Matthes, Britta (2020): Substituierbarkeitspotenziale von Berufen und die möglichen Folgen für die Gleichstellung auf dem Arbeitsmarkt. Expertise für den Dritten Gleichstellungsbericht der Bundesregierung, www.dritter-gleichstellungsbericht.de. [abgerufen: 8.2.2020]

Betrachten wir einmal folgendes Szenario: In einem Park sehen wir vier Kinder zwischen drei und fünf Jahren auf dem Rasen sitzen. Während eines minutenlang davon fasziniert ist, einem Schmetterling beim Sonnenbaden zuzuschauen, drehen sich drei Kinder nach ein paar Sekunden weg und krähen „Mir ist langweilig!". Warum ist das so? Was ist bei dem einen Kind, das die Zeit vergessen zu haben scheint, anders?

Das Gehirn der drei Kinder ist offenbar ein anderes Belohnungsintervall gewohnt, bzw. einen anderen Belohnungskanal. Mit Belohnungskanal meine ich, dass das Gehirn dieser Kinder es offenbar kennen, von außen *belohnt* zu werden. Lern-Apps, Zustimmung etc. kommt von außen, und ihr Gehirn schüttet daraufhin Dopamin aus. Dieses ist ein *extrinsischer Motivator.*

Bei dem Kind, das den Schmetterling beobachtet und erforscht, ist ein intrinsischer Motivator am Werk: *Interesse*. Die Belohnung besteht darin, den Schmetterling zu verstehen. Auch hier wird Dopamin ausgeschüttet, aber durch einen *inneren* Vorgang. Wir sehen das vor allem, wenn wir Kinderfilme aus den 1990er-Jahren mit Kinderfilmen aus dem Jahr 2015 vergleichen: Alles ist so viel schneller, überall Action, pausenlos prasseln die Reize auf das kindliche Gehirn ein, das diese Intervalle von Dopamin dann auch gewohnt ist und natürlich danach verlangt. Es hat schlicht und einfach gelernt, dass die Dopaminquelle im Außen zu erwarten ist, und kann diese im Inneren nicht anzapfen. Das ist Suchtverhalten!

Deshalb sind auch Lern-Apps etc. nicht förderlich – sie korrumpieren das kindliche Gehirn. Die Lösung besteht darin, bei unseren Schüler*innen die neuronalen Netzwerke für die intrinsische Belohnung durch Neugierde und Interesse zu stimulieren und zu stärken. Dazu konkret mehr im Kapitel *Die eigenen Werte finden – der Wertetyptest* (siehe S. 29).

Jede unserer Gewohnheiten und Fähigkeiten besitzt ein Netzwerk aus Neuronen in unserem Gehirn, welches aktiviert wird, sobald wir diese Fähigkeit abrufen. Je öfter wir dies wiederholt haben, desto stärker ist das Netzwerk. In jedem dieser Muster sind Nervenzellen miteinander verbunden, das nennen wir Neurophysiologie.

Für jede Gewohnheit haben wir in unserem Kopf also neuronale Verschaltungen. Diese haben sich aus Synapsen gebildet und mit jeder Wiederholung wurden diese gestärkt. Wenn wir eine Aktivität ausführen, wie beispielsweise das Zähneputzen, dann ist das neuronale Netzwerk fürs Zähneputzen aktiv und diese Neuronen feuern.

Noch einmal kleinschrittiger am Thema „Autofahren" erklärt: Wenn wir das erste Mal in der Fahrschule in ein Auto steigen, ist das übertragen wie mit der Machete einen Dschungel zu betreten. Wir beginnen, mit der Machete einen Weg zu schlagen, indem wir lernen, was die verschiedenen Pedale bedeuten. Wir müssen noch jedes Mal überlegen, auf welches wir treten und in welcher Reihenfolge das geschehen muss. Übertragen betrachtet durchschlagen wir also das Dickicht, schneiden Lianen ab und bahnen uns einen Weg, stoppen immer mal wieder, orientieren uns und machen dann weiter. Mühselige erste Schritte.

Wenn wir zehn Jahre später in das Auto steigen, denken wir dabei über ganz andere Dinge nach. Völlig selbstverständlich lassen wir den Motor an, legen den Rückwärtsgang ein und parken routiniert aus. Aus unserem Trampelpfad im Dschungel ist durch häufige Wiederholung eine Autobahn geworden – ein gut ausgebautes neuronales Netzwerk.

Daran sehen wir auch: Unser Gehirn ist zum größten Teil ein Produkt unserer Vergangenheit. Durch den omnipräsenten Konsum von Medien werden Kinder und Jugendliche nicht dazu eingeladen, sich einzubringen, sondern sie werden zur Passivität gezwungen. Das liegt primär keinem Menschen in der Natur! Das pure Konsumieren des Bildschirms, das Präsentiert-Bekommen von Umständen und Situationen ohne jegliche aktive Teilnahme schafft – aus Sicht der

Neuroplastizität, also der Trampelpfade, die Gewohnheiten in unseren Gehirnen schaffen – eine passive Einstellung zum Leben und zu dem, was darin passiert.

Folglich wird dieser Mensch logischerweise auf passive Art und Weise seinen Alltag und sein Leben verbringen – aus der Gewohnheit. Da bleibt oft kaum ein Zugang zur Kreativität, zum Versuch, zur Leidenschaft für Vorgänge oder für Interesse und Neugierde an diesen.

Weil der Mensch für ein solches Leben von der Evolution kaum geschaffen worden sein kann, passiert Folgendes: Viele Kinder und Jugendliche reagieren mit Hypersensibilität, Hypermotorik, Lernschwächen (das Gehirn wird nicht für den Zweck genutzt, für den es ursprünglich geschaffen wurde!) und sozialen Auffälligkeiten.

Kinder und Jugendliche lernen dadurch nicht mehr, sich auf andere einzulassen, Nähe aufzubauen, deren Beweggründe zu erfahren – geschweige denn, Interesse dafür zu entwickeln. Ihr Bedürfnis nach Stimulanz wird auf den Wegen gesucht, die sie kennengelernt haben, nämlich in der Passivität vor dem Bildschirm eines wie auch immer gearteten mobilen Endgeräts. Ihr limbisches System im Gehirn hat diese Tätigkeit emotional als befriedigend und stimulierend markiert, also merken sie nicht, dass etwas, das das Gehirn positiv besetzt (und wobei ja auch umgehend die entsprechenden Botenstoffe als „Belohnungshormone" freigesetzt werden) eigentlich gar keine positiven Auswirkungen auf sie hat. Im Gegenteil!

KINDLICHE COPING-STRATEGIEN

In die Kindergärten und anschließend in die Schulen kommt ein von seinen Bedürfnissen getriebenes Kind, das keinerlei Reflexionsmöglichkeit hat, ob das, was es tut um seine Bedürfnisse zu befriedigen, ein sozial wertvolles Verhalten ist, das der Gemeinschaft, in welcher es einen Großteil seines Tages verbringt, dient. Es nimmt seine Bedürfnisse wahr und lebt die Aktivitäten aus, von denen sein System sagt, dass sie zielführend sein könnten. Ob das Trotzreaktionen, verbale oder körperliche Gewalt, ein Sich-Zurückziehen aus der für es schmerzhaften Realität oder eine der vielen anderen Handlungsalternativen ist, entscheidet die Vergangenheit der Kinder. Diese ist beispielsweise bei Geflüchteten oft traumatisch durch Krieg oder Flucht, bei anderen Kindern und Jugendlichen durch Familiendramen, Verwahrlosung bis zur Gewalt im Elternhaus, Passivität und Desinteresse der Umgebung belastet, beeinflusst und geprägt.

Wenn eine Lehrkraft diesen Schüler*innen zehn Regeln präsentiert, an die sie sich bitte nun halten sollen, übersteigt das ganz einfach ihren Möglichkeitshorizont. Sie haben ein ihrer Gemeinschaft dienendes Verhalten, das sie in ihrer Einzigartigkeit als Teil der Gemeinschaft sieht und wertschätzt, bisher nicht aktiv kennengelernt.

Wie also können wir Einsicht und Verhaltensänderung von Kindern und Jugendlichen erwarten, die gelernt haben, dass Gewalt (nach einigen anderen ausprobierten Optionen) die einzige Möglichkeit ist, sich aus der Konfrontation mit dem eigenen fehlenden Selbstwert und der eigenen fehlenden Selbstwirksamkeit zu befreien?

Auf welche Handlungsalternativen sollen sie denn ausweichen? Aus welcher Motivation sollen sie denn überhaupt auf Handlungsalternativen ausweichen? Unser Ziel kann nicht sein, möglichst viele angepasste Kinder und Jugendliche zu erziehen, welche nur um des Zeugnis' Willen gute Noten in der Schule erreichen wollen – auch wenn das momentan tatsächlich der beliebteste Typ Schulkind zu sein scheint. Das ist nachvollziehbar, denn es ist der nicht-anstrengende, funktionierende Typ.

Wenn unser Ziel jedoch ist, als problematisch und unproblematisch (!) empfundenen Schülerinnen und Schülern den Weg zu sich selbst zu zeigen, sich selbst kennenzulernen, herauszufinden, wofür sie brennen, worin sie gut sind und worin ihre beste Zukunft bestehen könnte – ist es da nicht die logische Konsequenz, dass diese Kinder intrinsisch motiviert lernen, sich Hilfe holen, wenn sie diese benötigen, wertschätzend miteinander umgehen und sich selbst reflektieren lernen?

Gewalt auf dem Schulhof hat in diesem System, in dem Kinder und Jugendliche sich selbst, ihre Werte und Bedürfnisse bewusst wahrnehmen und aufeinander und ihre Individualität Rücksicht nehmen, keinen Platz.

SELBSTACHTUNG ENTWICKELT SICH DURCH DAS ERFORSCHEN DER EIGENEN WERTE

Lassen Sie uns nun einen Blick darauf werfen, wie sich die Selbstachtung in uns durch das erforschen und das integre Leben der eigenen Werte entwickelt.

Wenn wir nicht wissen ...

Wenn wir nicht wissen, wer wir sind, woher sollen wir dann wissen, wie unser Leben verlaufen soll? Was wir können, wofür wir brennen und was uns wichtig ist? Welche Beziehungen uns verletzen, was wir von anderen Menschen und einem Umfeld brauchen, damit wir blühen können, anstatt einzugehen?

Für jede unserer Handlungen gibt es einen Grund. Wir erfüllen tagtäglich entweder unsere oder andere Bedürfnisse. Wenn wir hungrig sind, dann essen wir, wenn wir uns allein fühlen, dann schreiben wir eine Nachricht an eine*n Freund*in und wenn jemand mit uns streitet, dann werden wir wütend? Traurig? Ziehen uns zurück? Je nach unseren Werten und unseren eigenen Bedürfnissen agieren und reagieren wir. Wenn wir jedoch nie aktiv herausfinden, welche diese Bedürfnisse und Werte eigentlich sind, dann funktionieren wir wie Roboter, die auf ihre Umwelt reagieren, aus ihren gelernten Programmen heraus. Und das entspricht nie unserem Potenzial und entwickelt es auch nicht.

Wenn wir wissen, wer wir sind und was wir brauchen, dann können wir das kommunizieren, statt uns als Opfer zu fühlen, wenn das Leben es uns einfach immer wieder verwehrt. Wir können aktiv dafür sorgen, dass unsere Grenzen nicht überschritten werden und die Menschen um uns herum *uns sehen,* anstatt uns als Opfer unseres Umfeldes und des Lebens an sich zu empfinden.

Wenn wir unsere Werte und Bedürfnisse kennen, können wir sie mitteilen und uns selbst viel besser verstehen. Wir können unseren Alltag und unsere Freundschaften auf dem aufbauen, was wir in anderen schätzen und uns mit den Menschen umgeben, die uns mit unserer Software annehmen und denen wir damit dienen können, anstatt immer wieder Konflikte durch Indifferenz zu provozieren.

Glaubenssätze, Programme und Muster

Wenn wir dann noch die psychologischen Grundsätze erkennen, dass wir unsere eigenen, als Kind erlernten Glaubenssätze, Programme und Muster mit Vorliebe auf andere projizieren, uns den ganzen Tag in anderen spiegeln und unsere Widerstände ausschließlich auf dem beruhen, was uns eigentlich selbst ***an uns*** *stört weil wir es* ***an uns ablehnen****, dann sind wir ganz nah an der Möglichkeit, wirklich nährende und fruchtbare (Arbeits-)Beziehungen zu führen. All das lernen wir in der Persönlichkeitsentwicklung, in der Psychologie und spätestens in der Psychotherapie, wenn wir uns selbst irgendwann als beziehungsunfähig gebrandmarkt haben, oder andere Probleme uns so belasten, das wir selbst keine andere Lösungen mehr für uns sehen, als uns Hilfe zu holen.*

Ein wichtiger Aspekt, den wir dabei vergessen, ist: Mit uns ist nichts grundsätzlich *falsch*. Wir sind durch unsere Kindheit und Vergangenheit einfach nur anders mit Programmen bespielt als unsere Nächsten, und wir haben nicht gelernt, diese Programme zu verstehen. Uns selbst zu verstehen. Wenn wir uns selbst jedoch kennenlernen, dann haben wir die Möglichkeit, uns nicht permanent schlechtzureden oder kleinzumachen, uns selbst durch unseren inneren Kritiker bestrafen und alles ausreden zu lassen, sondern wir können erkennen, warum wir sind, wie wir sind und unser Leben genau danach gestalten.

Dieses Wissen kann den Unterschied machen zwischen einem erfüllten Leben und einem Leben im Funktionieren. Letzteres war vor 200 Jahren absolut ausreichend, für unsere heutige Welt reicht es jedoch nicht mehr. Unser aller Individualität ist gefragt und wird benötigt. Und wir dürfen lernen, sie bereits in der Schule zu erforschen und auszuprägen.

WARUM KLASSENREGELN NICHT FUNKTIONIEREN

Als letzten Gedanken in diesem Theoriekapitel möchte ich mit Ihnen nun anschauen, warum sich viele Kinder und Jugendliche nicht an Klassenregeln halten, und welche Möglichkeiten wir dann haben. Jede Lehrperson, welche noch nie nach einem Regelverstoß von den Schüler*innen die Antwort „Da hält sich doch sowieso niemand dran!" bekommen hat, darf sich wohl beglückwünschen.

Mir begegnen sie regelmäßig im Schulalltag und sie sind etwas, worauf wir Lehrpersonen uns verlassen können: Die fast gleichen Klassenregeln in jedem Klassenraum. Kein Kaugummi kauen, kein Herumlaufen während des Unterrichts, kein Wegnehmen von Gegenständen, kein Handy im Unterricht, manchmal sogar kein Essen oder Trinken im Unterricht (der Sinn eines Trinkverbots im Unterricht, wo doch jedes zweite Kind in Deutschland viel zu wenig Flüssigkeit zu sich nimmt, sei mal dahingestellt) und einige weitere Punkte, die jede und jeder von uns kennt.

Wir selbst haben schon damals in unserer eigenen Schulzeit, fast täglich sogar, dagegen verstoßen. Macht uns das also alle zu Rebell*innen? Wohl kaum. Nur war uns die Erfüllung unserer Bedürfnisse wichtiger, als die Angst vor etwaigen Konsequenzen. Eine ganz einfache Rechnung. Und diese geht jedes Mal auf, wenn wir einen Regelverstoß beobachten, egal in welchem Umfang er stattfindet.

Diese Regeln wurden damals nicht von uns definiert. Sie wurden uns in unserer eigenen Schulzeit vorgegeben, und so machen wir es heute weiterhin mit unseren Schülern und Schülerinnen. Viele der Regeln mögen uns als Lehrpersonen wichtig sein, weil sie garantieren sollen, dass der Alltag in der Schule harmonisch ablaufen kann. Und an diesem Grundgedanken ist ganz und gar nichts verkehrt. Die Umsetzung jedoch hinkt. Sie geht nicht auf das Individuum, seine Bedürfnisse und Wertvorstellungen in diesem Leben ein.

Definition Dissoziation

Dissoziation bedeutet, dass wir nicht eins sind mit unseren Gefühlen. Um schmerzhafte Gefühle und Emotionen nicht fühlen zu müssen, dissoziieren wir. Wenn wir im Nachhinein über ein erlebtes Trauma berichten, werden wir das selten assoziiert tun, weil wir dann alle Gefühle erneut fühlen, sondern wir berichten wie über eine zweite Person. So können wir Informationen geben, ohne emotional zu werden.

Was geschieht denn, wenn wir gegen Regeln verstoßen, die uns auferlegt wurden, uns selbst aber gar nicht so wichtig sind? Es geschieht etwas psychologisch grundlegend Wichtiges für uns: Wir gehen zuerst in eine Art Dissoziationskonflikt mit uns selbst – wir haben uns und unsere Eltern oder Lehrer*innen enttäuscht. Das macht uns zu *schlechten* Kindern oder Schüler*innen. Was tun wir also? Wir messen den Regeln weniger Bedeutung zu, sodass sie gar nicht mehr so wichtig für uns sind. Wenn das nämlich so ist, haben sie nicht die Macht, darüber zu bestimmen, ob wir ein *gutes* oder ein *schlechtes* Kind sind.

Wir Pädagog*innen versuchen heutzutage oft, dieses Dilemma zu umgehen, indem wir die Regeln mit den Schüler*innen gemeinsam aufstellen. Die Kinder und Jugendlichen sind jedoch nicht von gestern und wissen genau, was wir als Eltern oder Lehrer*innen hören wollen. Sie haben mit Sicherheit schon einmal die Erfahrung gemacht, dass wir unseren Willen am Ende doch durchdrücken. Wenn etwas fehlt, fügen wir es eben hinzu. Und ja: Es gibt einfach Regeln, an die muss man sich halten. Und das ist absolut richtig!

Gewalt beispielsweise ist eine nichtakzeptable Aktion oder Reaktion auf eine wie auch immer geartete Situation. Und auch das pünktliche Erscheinen zur Unterrichtsstunde ist mindestens so wichtig, wie die laufende Unterrichtsstunde nicht durch bimmelnde Handys zu unterbrechen. Was wir dabei aber vergessen: Unsere Regeln, Bedürfnisse und Werte als Erwachsene sind oft weder verständlich noch wichtig für Kinder und Jugendliche. Und wenn sie das doch sind, dann können sie deren Bedeutsamkeit oft nicht erkennen. Wenn unsere Regeln und Werte nicht so aufgestellt und erklärbar sind, dass es den Kindern möglich ist, diesen zu entsprechen, schaufeln wir jeglichen Regeln, die wir sonst noch so aufstellen, ein großes Grab. Ein Grab, das mindestens genauso groß ist wie dasjenige, in welchem die erste gebrochene Regel begraben wurde.

WAS NICHT FUNKTIONIERT

Was funktioniert also nicht wirklich? Da sind wir uns alle wahrscheinlich sofort einig: mehr Regeln. Härtere Strafen. Mehr Suspendierung. Die Aufforderung „Jetzt reflektier doch mal, *warum* du dich nicht an die Regel gehalten hast!". Die Aufforderung „Überleg doch mal was dir wichtig ist!". Die Verantwortung auf die Eltern zu schieben. Nicht besetzte Trainingsräume. Trainingsräume ohne geschulte Kolleg*innen, die dann zu Auszeiträumen werden.

Vielleicht geht es Ihnen da wie mir: Wir haben vieles versucht. Und wenig verändert sich. Was können wir stattdessen tun? Ich schlage Folgendes vor: Wir fördern Selbsterforschung, Ressourcenaktivierung, Perspektivenwechsel, Stärkung des Selbst und der Selbstliebe. Wir erschaffen Zukunftsbilder und Zielbilder und vor allem eine gute und reflektierte Lebens- und Beziehungsfähigkeit! Wie wäre das?

Check-up: Kapitel 1

In diesem Kapitel haben Sie gelernt, wofür die wertebasierte Pädagogik steht, was ein verändertes Lernklima in der Klasse ausmacht und was die Erforschung und die Erfüllung eines Selbst mit dem Erwerb von Wissen zu tun hat. Sie haben erfahren, dass eine veränderte, globalisierte Welt wie die Unsere uns als Menschheit eine Potenzialentfaltung abverlangt, die momentan in Schule selten gegeben ist. Sie haben gelernt, wie wichtig Dopamin im Lernprozess für unser Gehirn ist, und wie dieses ausgeschüttet werden kann (und wie es unser Gehirn auch korrumpieren kann). In den Coping-Strategien erkannten Sie, dass unsere Kinder nicht aus Trotz oder Böswillen gegen unsere Grenzen rennen und sich daneben benehmen, sondern weil sie aus diversen Gründen nicht anders können. Wie das Erforschen der eigenen Werte und der Aufbau des eigenen Selbstwertgefühls hierbei für Veränderung sorgen können haben Sie ebenfalls erfahren. Sie haben Ihre eigenen Regeln im Klassenraum und die Sinnhaftigkeit der Aufstellung hinterfragt, und sich selbst erinnert, wie dies in Ihrer Schulzeit vonstattenging. Wir haben ebenfalls Maßnahmen besprochen, die nicht die Lösung sein können (obwohl die meisten Schulen genau auf diese setzen) und einen Ausblick gegeben, wie es anders möglich wäre.

1

REFLEXIONSFRAGEN ZUR SELBSTERFORSCHUNG: EIN NEUER WEG BEGINNT IMMER BEI UNS SELBST

Starten Sie mit Reflexionsfragen an sich selbst: Das Abenteuer „Selbsterforschung“ beginnt. Sind Sie bereit? Dann geht es los!

Ich habe mich früher an alle Regeln im Klassenraum gehalten: Ja ☐ Nein ☐

Falls ja – an welche? Falls nein – an welche nicht? Aus welchem Grund?

___

___

___

___

Wer hat sich denn eigentlich früher an welche Werte gehalten?

Wieso klappte das Sich-Benehmen früher besser? Und tat es das wirklich?

___

___

___

___

Was waren die extrinsischen und die intrinsischen Motivatoren um 1950 in den Schulen, und welche sind es heute?

Extrinsische Motivatoren:

___

___

___

___

Intrinsische Motivatoren:

___

___

___

___

2 | Die vier Säulen der wertebasierten Pädagogik

Jetzt haben wir bereits viel über die Grundlagen und Grundannahmen gesprochen, auf denen die wertebasierte Pädagogik fußt. Sie beschreibt ein Konglomerat von Ansichten und Theorien sowie eine Sammlung von Methoden und Formaten, um mit den benannten Problematiken umzugehen. Sie finden die wertebasierte Pädagogik in diesem Buch in der Form für Jugendliche und junge Erwachsene. Sie befindet sich jedoch auch gerade in der Entwicklung für die Grundschule und auch den Kindergarten. Ich habe 2019 begonnen, die wertebasierte Pädagogik zu entwickeln. Seit 2020 findet sie sich im Schulalltag in der Form wieder, wie Sie in diesem Buch beschrieben ist.

Wir werden nun praktisch und ich stelle Ihnen **die vier Säulen der wertebasierten Pädagogik** vor. Wann Sie diese in Ihrer Klasse einführen, ist nicht gebunden an Schuljahr oder Schulhalbjahr.

Wenn Sie diese Art des Unterrichtens und des Seins in der Schule und mit den Schüler*innen erst einmal verinnerlicht haben, ist sie sowieso ein Selbstläufer. Sie zieht sich durch alle Handlungen, Erfahrungen und Ansichten in der Schule. Es muss dann gar nicht mehr aktiv an sie erinnert werden, nachdem die Grundsätze eingeführt wurden, weil Sie darauf ihren Schultag aufbauen.

SÄULE EINS: EIGENE WERTE HERAUSFINDEN UND KENNENLERNEN

Die erste Säule ist die Kinder anzuleiten, den eigenen Wert herauszufinden und kennenzulernen. Dabei habe ich im Laufe der Jahre vieles ausprobiert, das **nicht** funktioniert: Kindern Wertetabellen in die Hand zu drücken mit den Worten „Schau mal, was dir wichtig ist", bringt einen kein Stück voran, außer in der Erkenntnis, dass die meisten damit nicht viel anfangen können. Erstaunlich, aber wahr: Viele Kinder wissen nicht, was ihnen wichtig ist – oder können es zumindest nicht benennen. Sie zählen stattdessen gern die Dinge auf, über die sie gelernt haben, dass sie ihnen wichtig sein **sollten**.

Im ersten Schritt finden die Schüler*innen deshalb durch einen **Wertetyptest** heraus, zu welcher Wertepersönlichkeit sie am besten passen, und bekommen als Ergebnis vier Startwerte, mit denen sie in die Weiterarbeit starten können. Die aktive Anwendung und Arbeit mit Werten im Unterrichtsalltag entwickelt das Verständnis der eigenen Werte und vergrößert die eigene Werteliste, bzw. filtert heraus, welche Werte nur übernommen wurden und nicht aus der eigenen Persönlichkeit stammen. (Dazu mehr in Kapitel 5 „Chancen von Meditation bei Konflikten", Seite 39)

SÄULE ZWEI: MEDITATION

Die zweite Säule der wertebasierten Pädagogik besteht in der Meditation als Mittel zur Konfliktlösung. (Mehr dazu in Kapitel 6 „Potenziale entdecken und entfalten", S. 52). Wir orientieren uns hier an dem amerikanischen Vorbild der Meditation-not-Detention-Methode. Meditation versetzt unser Gehirn in Alpha-Wellen, und in diesem Modus kommen wir an unterbewusste Programme und Muster heran. Unser Bewusstsein verhält sich mit fünf Prozent, wenn es um die täglichen Entscheidungen geht, zu unserem Unterbewusstsein mit 95 Prozent, und diese sind immerhin rund 20.000 an der Zahl[4]. Das heißt, wir bestimmen nicht viel aktiv von unserem Tagesablauf und bekommen sehr vieles nicht bewusst mit. Es ist, als säßen wir als Elefantenreiter (Bewusstsein) auf einem Elefanten (Unterbewusstsein). Wenn wir nicht in guter Kommunikation mit unserem Elefanten, also unserem Unterbewusstsein, sind, dann machen wir aus uns unerklärlichen Gründen immer wieder das, was der Elefant will. Dieser kennt sich aber in unserer Lebensrealität kaum aus, und hat außerdem noch immer das Gefühl, eigentlich sei er ein Kind. Das ist nachvollziehbar problematisch.

Meditation hilft uns hier dabei, zur Ruhe zu kommen, eine objektive Perspektive einzunehmen und aus Konflikten (einem sogenannten *Misthaufen*) das Beste zu *kompostieren*, und diese Konflikte als willkommene Lernerfahrung zu erkennen. Der Misthaufen wird Ihnen in diesem Buch noch öfter begegnen, er steht sinnbildlich für die Ansammlung von uns nicht dienenden Verhaltensweisen in Konflikten oder im Leben allgemein. Wir werden uns noch eingehend damit beschäftigen, wie wir diese Reise von unserem *Misthaufen* als Unrat hin zu fruchtbarem Boden vollziehen können – und vor allem unsere Schüler und Schülerinnen lernen, das zu tun.

SÄULE DREI: EIGENE WERTE IN DER REALITÄT ERWEITERN UND ABGLEICHEN

Die dritte Säule der wertebasierten Pädagogik ist der Abgleich und die Anwendung der eigenen Werte auf die Realität. Eine ganz praktische Anwendung unserer Persönlichkeit auf unsere Umgebung also!

Warum stört es mich, dass Flüchtlinge aufgenommen werden? Welche meiner Bedürfnisse werden da oft verletzt? Oder bin ich vielleicht einfach nur uninformiert? Bin ich für die Organspende oder dagegen? Wie stehe ich zur aktiven Sterbehilfe? Was sagen meine Werte dazu? – Das sind Fragen, an denen Schülerinnen und Schüler an schulischen Themen (!) ihre eigene Persönlichkeitswelt erforschen können.

Wir Lehrkräfte werden immer mehr dieser Gesprächsanlässe finden und sie auch nutzen, denn sie fallen uns mehr und mehr zu, wenn unser Fokus darauf liegt, diese zu entdecken. Diese Gesprächsanlässe wecken auch die letzten Schüler*innen aus ihrer Lethargie, denn sie sind mit ihrer Weltanschauung gefragt. Sie sind **wichtig**. Auch paradoxe Fragen, wie zum Beispiel „Ist es in Ordnung, jemandem seine Schultasche wegzunehmen? Wieso eigentlich nicht?" bieten sich hier an und werden uns leiten.

SÄULE VIER: DIE EIGENE ZUKUNFT AKTIV GESTALTEN

Die vierte Säule ist die aktive Gestaltung der eigenen Zukunft. Wenn wir keine Bilder haben, nach denen wir leben, dann wiederholen wir immer wieder die gleichen alten Bilder. Die Power von Zielbildern zeigt uns die Geschichte von Roger Bannister:

Roger Bannister war ein britischer Mittelstreckenläufer und Neurologe. Er lebte in den 1950er-Jahren in einer Zeit, in der es als unmöglich galt, die Meile unter vier Minuten zu laufen. Doch Mr Bannister nahm das nicht hin. Er nutzte die Methodik, die heutzutage jeder Leistungssportler der Welt völlig selbstverständlich nutzt: Das Mentaltraining.

---

4 Vgl. Stanik, Krzysztof (2012): Wie viele Entscheidungen treffen wir pro Tag, welche sind besser: Kopf- oder Bauchentscheidungen? https://www.allesgelingt.de/blog/wie_viele_entscheidungen_treffen_wir_pro_tag_welche_sind_besser_kopf-_oder_bauchentscheidungen.html [abgerufen: 03.01.2021]

Er stellte sich immer und immer wieder vor, wie er diese Meile in weniger als vier Minuten laufen würde. Er stellte sich den Start vor, die Strecke, das Ziel, seine Gefühle, was er sehen würde, wie er feiern würde – und am 6. Mai 1954 lief er die Meile in 3.59,4 Minuten. Es wird heute als einer der eindrucksvollsten Sportmomente des 20. Jahrhunderts bezeichnet.[5]

Das eigentlich Spannende aber ist: Durch dieses Beispiel liefen in den folgenden Wochen, Monaten und Jahren zahlreiche Läufer die Meile unter vier Minuten! Roger Bannister hatte gezeigt, dass es möglich ist. Und andere hatten es dadurch als möglich angesehen und deswegen geschafft.

Wenn unsere Schüler und Schülerinnen also inspirierende Bilder von dem bekommen, was in ihrer Zukunft möglich ist, dann wird es für sie real und schaffbar. Und diese Bilder erwecken wir mit der Methode des NLP, dem neurolinguistischen Programmieren: der Visionstreppe. (Mehr dazu finden Sie in Kapitel 6 „Potenziale entdecken und entfalten", S. 52.)

Check-up: Kapitel 2

In diesem Kapitel haben Sie die vier Säulen der wertebasierten Pädagogik kennengelernt: die eigenen Werte herausfinden und kennenlernen, Meditation zu nutzen, die eigenen Werte abgleichen, reflektieren und erweitern sowie die eigene Zukunft aktiv gestalten.

5 Vgl. Maier, Andreas; Stampfl, Franz, Salzburg-Wien (2013): Trainergenie und Weltbürger: Biografie eines Visionärs. https://germanroadraces.de/?p=35747 [angerufen: 03.01.2021]

3

3 | Selbsterkenntnis als erster Schritt in ein neues Lehrerdasein

Wenn wir später im Leben an unsere Schulzeit zurückdenken, erinnern wir uns an Lehrpersonen, nicht an Inhalte. Das bedeutet, wir müssen uns fragen: Wer möchten wir sein für unsere Schüler und Schülerinnen? Welchen Einfluss möchten wir haben? Und wenn wir eine Qualität jedem Schüler und jeder Schülerin mitgeben dürften – welche wäre das?

KLEINE VORÜBERLEGUNGEN: WAS BRAUCHT ES VON UNS ALS LEHRKRÄFTEN?

Je besser wir uns als Lehrperson selbst kennen, desto authentischer können wir uns im Klassenraum begegnen, desto ruhiger können wir Konflikte ertragen und austragen, ohne diese im Keim ersticken zu wollen, und desto mehr werden wir ein leuchtender Stern für unsere Schüler und Schülerinnen sein. An welche Lehrkräfte können wir uns selbst erinnern? Welche haben wir als positiv im Kopf, welche als negativ? Und warum? Welche Ereignisse gab es früher in unserem Klassenraum, an die wir uns gut erinnern können? Sind diese negativ oder positiv konnotiert? Wann haben wir Respekt für eine Lehrkraft empfunden, und wann fehlte uns dieser? Woran lag das? Wahrscheinlich nicht an uns selbst, denn sonst hätten wir ja jede unserer Lehrkräfte und nicht nur einzelne abgelehnt.
Erforschen Sie sich: Haben Sie heute als Lehrkraft in der Schule Schwierigkeiten damit, respektiert zu werden? Woran kann das liegen? Kennen Sie Ihre eigenen Grenzen, kommunizieren Sie sie klar (nicht nur gegenüber Schüler*innen!) und verteidigen Sie sie auch, wenn es sein muss? Diese Grenzen bauen auf eigenen Werten und eigenen Erfahrungen auf. Wenn diese unbewusst sind, und noch nicht bewusst abgesteckt, werden Sie immer wieder auf Menschen treffen, welche diese überschreiten. Dies zu erkennen ist eine Chance!

UNSERE EIGENEN WERTE UND BEDÜRFNISSE

Wir als Lehrpersonen dürfen direkt bei uns selbst beginnen und einmal schauen: Welche Bedürfnisse bringen wir mit? Und welche Werte bestimmen uns? Welche Werte sind uns im Umgang mit an Schule Beteiligten die Wichtigsten? Und worauf legen wir eher wenig wert?

Der anstrengende Weg der Erkenntnis

Wir tendieren dazu, es uns einfach zu machen, und Werte einfach zu übernehmen, anstatt uns selbst wirklich zu erforschen. Denn dieser Weg des Erforschens ist mit Anstrengung und oft auch mit schmerzhaften Erkenntnissen verbunden, nämlich dann, wenn wir merken, dass wir uns selbst eigentlich nur selten entsprechen. Ein Leben in dieser Form zu führen – das wissen wir heute – ist ein Garant für ein Burn-out!

Dazu können Sie die Wertetabelle am Ende dieses Kapitels nutzen. Hier dürfen Sie einmal – gern auch weiter gestreut – Ihre eigenen fünf wichtigsten Werte für die verschiedenen Lebensbereiche auswählen: Welche Werte sind Ihnen im Job, in der Familie, in der Freundschaft oder in der Partnerschaft wichtig? Und welche davon werden momentan gut erfüllt? Welche erleben Sie selten, wären Ihnen aber wichtig? Und – Hand aufs Herz – haben Sie das schon einmal wirklich kommuniziert?

Hierbei ist es ganz wichtig zu erkennen, dass wir alle oft die (vermutlich gutbürgerlichen) Werte unserer Eltern, welche diese uns in bester Absicht mitgeben wollten, als unsere eigenen Werte erkennen. Pünktlichkeit, Ordnung, Sauberkeit usw. Sind das **wirklich** Ihre eigenen Werte oder die Ihrer Mutter? Oder deren Mutter? Menschen, die wissen, wofür sie brennen und die diese Tätigkeit mit ihren tiefsten Werten vereinen, können jahrelang hart arbeiten, ohne auszubrennen. Ihre Tätigkeit im Einklang mit ihrer Natur belohnt sie durch Energieschübe.

Wenn wir jedoch eine Tätigkeit in einem engen Rahmen unter schwierigen Bedingungen ausführen, die uns wenig erfüllt, und oft unsere Grenzen überschreitet, dann ist es eine Frage der Zeit, bis unser Organismus daran kaputtgeht. Wir werden krank.

Es ist eine einfache Frage der Bilanz: Nimmt unser Alltag uns nur Energie oder gibt er uns auch welche? Jede Tätigkeit nimmt uns Energie, das ist klar. Der ausschlaggebende Punkt ist: Wie viel bekommen wir durch diese Tätigkeit auch zurück? Und da dürfen wir sehr ehrlich zu uns sein. Und uns dann die Frage stellen: Was bräuchte es, damit ich meine Freude wieder entdecke? Die Antwort darauf ist ziemlich einfach: Unsere Tätigkeit muss unserem innersten Wesen entsprechen. Wenn sie das tut, wenn wir uns in unserer Tätigkeit gesehen und erfüllt fühlen, dann bekommen wir dadurch auch Energie. Wenn das nicht der Fall ist, dann sollten wir konkret werden.

WIE SIEHT IHRE EIGENE ENERGIEBILANZ AUS?

Um die eigene Energiebilanz zu untersuchen, habe ich zwei Grafiken vorbereitet. Die Stressbilanz untersucht den Tagesablauf, und ich garantiere Aha-Momente für jede Person, die diese auch selbst mal auf sich anwendet:

Meine Stressbilanz

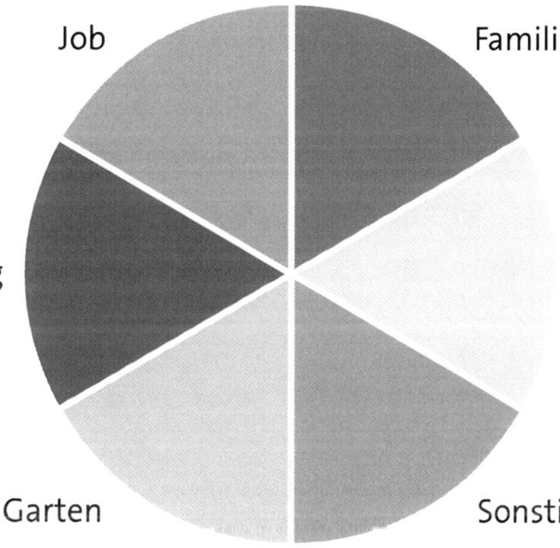

In diese Kuchenstücke schreiben Sie nun alle täglichen Tätigkeiten mit einer Prozentzahl an Energie, die Sie jeweils dadurch verlieren oder bekommen. Viele Tätigkeiten bieten auch beides. Hier bietet es sich an, mit einem grünen Stift den Energiegewinn und mit einem roten den Energieverlust einzutragen.

So würde ich beispielsweise einen Schulvormittag als Tätigkeit bei Job eintragen mit 60 Prozent Energieverlust und 15 Prozent Energiegewinn. Bei Haushalt und Garten wäre ich mit dem Rasenmähen bei 15 Prozent Energieverlust und 5 Prozent Energiegewinn – ich mag es, wenn der Rasen danach schön aussieht, und freue mich darüber. Wir sollten alles notieren, und wenn wir am Ende des Tages im Minusbereich (also unter den 100 Prozent, auf die wir im besten Fall durch den Schlaf nachts aufgeladen sind) ankommen, dann geht es uns wie sehr vielen. Und gleichzeitig wissen wir nun auch, woran es liegen könnte, dass wir uns oft müde vom Leben fühlen.

Hier gilt es, aktiv mehr Tätigkeiten einzubauen, die Ihnen Energie geben! Sie können in Ihrer Stressbilanz des Tages genau sehen, wo Ihre Probleme liegen. Nämlich dann, wenn Sie mehr schwächende als stärkende Handlungen vollziehen. Eine Übersicht über schwächende und stärkende Handlungen finden Sie weiter unten. Auch angenehme Handlungen können uns schwächen, wie beispielsweise die Pizza, die der Körper sicherlich nicht als bevorzugtes Nahrungsmittel gewählt hätte, oder das stundenlange Scrollen durch soziale Netzwerke, das zwar in unserem Gehirn Dopamin auslöst, damit aber zu einer unechten Droge wird, unsere Zeit frisst und uns letztendlich leer zurück lässt.

DIE VIER HANDLUNGSARTEN

Im Rahmen der vier Handlungsarten können Sie untersuchen, wie die Tätigkeiten in Ihrem Tagesablauf aufgeteilt sind: Ob Sie den Großteil des Tages *funktionieren* und damit schwächende Handlungen vornehmen, und wie Sie vermehrt sich stärkende Handlungen einbauen können.

Die Energiebilanz am Ende des Tages entscheidet, ob Sie krank oder gesund sind, Ihrem Job erfüllt ausführen können und mit Ihrer Lebensführung zufrieden sind. Wenn Sie weit im Minus herauskommen bei der Stressbilanz, lassen Sie sich nicht entmutigen. Fast jede Lehrperson, die diese Arbeit beginnt, startet an diesem Punkt. Und über diesen Punkt verlieren wir auch gern unsere Freude an der Arbeit! Die gute Nachricht ist: Diese können wir uns nun wiederholen. Indem wie uns selbst besser kennenlernen, mehr für uns selbst tun und stärkende Handlungen aktiv in unseren Alltag einplanen!

Die vier Arten der Handlungen sind folgende:

Angenehme stärkende Handlung	Angenehme schwächende Handlung
▸ Spazieren gehen ▸ Ein gutes Buch lesen ▸ Lebenslanges Lernen ▸ Zärtlichkeiten austauschen	▸ Unbegrenztes Konsumverhalten ▸ Zu lange Schlafen ▸ Stundenlanges Netflix-Suchen ▸ Zielloses Scrollen durch soziale Medien ▸ Emotionales Essen ohne Hunger
▸ Grenzen ziehen ▸ Hausputz/Ausmisten	▸ Im Mobbing verharren ▸ Dinge widerwillig leisten ▸ Eigene Grenzen ignorieren
Unangenehme stärkende Handlung	**Unangenehme schwächende Handlung**

Wenn Sie dies für sich selbst umsetzen können, können Sie diese Skills ebenfalls an Ihre Schülerinnen und Schüler weitergeben.

Wir lernen in der Schule momentan noch nicht, wer wir wirklich sind, was uns ausmacht, uns stärkt oder schwächt! Wenn wir aber mal radikal ehrlich zu uns sind, können wir beginnen, unser Leben in Einklang mit uns selbst zu führen. Denn für niemand anderen leben wir.

Es braucht also vor allem uns selbst als eine Person, die in der eigenen Sache kompetent darin ist, die Fragen zu beantworten: **Wer bin ich? Was möchte ich tun im Leben? Was entspricht mir, und was nicht?** Wenn wir die Antworten darauf gefunden haben und immer mehr danach leben, wird das nicht nur unsere Schüler*innen oder Kolleg*innen inspirieren, das Gleiche für sich selbst zu tun, sondern wir selbst führen im Handumdrehen ein Leben, das uns glücklich macht.

GUTE FRAGEN FÜR DAS DRITTE KAPITEL

Was treibt mich an in meinem Beruf?

Stehe ich morgens gern auf?

Wenn ja – aus welchem Grund? Wenn nein – aus welchem Grund nicht?

Wie habe ich mir diesen Beruf zu Zeiten des Studiums vorgestellt?

Was clasht mit den damaligen Vorstellungen? Was hat sich bewahrheitet?

Wenn ich einen Wunsch frei hätten für Schule heute – was würde sich verändern?

Bitte vorstellen: „alles ist möglich“. Wer groß träumt, verändert!

UNSERE WERTE ALS ERWACHSENER MENSCH

Wir haben ja nun wiederholt von Werten gesprochen. Vielleicht haben Sie schon öfter gedacht „Was sind denn nun eigentlich meine Werte?" Ich habe Ihnen deshalb die folgende Wertetabelle mitgebracht.

Ich lade Sie ein, sich selbst einen Überblick zu verschaffen, was Ihnen **wirklich, wirklich** wichtig ist. Markieren Sie gern beim ersten Drüberlesen, welche Werte wichtig für Sie sind. Schreiben Sie danach jeden Wert auf, den Sie beim erneuten Durchgehen der Liste in die Kategorie „Meine wichtigsten Werte" nehmen möchten, und reflektieren Sie danach, welche dieser Werte Ihnen eingeflößt wurden während Ihrer Sozialisierung, die ihnen selbst aber eigentlich gar nicht so wichtig sind. Radikale Ehrlichkeit bitte!

Dann streichen Sie alle diese Werte weg, die unreflektiert übernommen sind. Und aus den verbleibenden Werten schreiben Sie die zehn heraus, die Sie in Ihrem täglichen Leben sowohl selbst leben als auch in Ihrem Außen wiederfinden möchten. Dann haben Sie einen ganz guten Überblick darüber, wer Sie sind. Und ja, ich bin mir bewusst darüber, dass das eine knifflige Aufgabe ist! Sie schaffen das.

Wertetabelle für Erwachsene

Abenteuer	Achtsamkeit	Genauigkeit
Toleranz	Humor	Anerkennung
Bescheidenheit	Anpassungsfähigkeit	Ehrlichkeit
Passion	Praktikabilität	Anziehungskraft
Offenheit	Aufmerksamkeit	Aufopferungsbereitschaft
Altruismus	Integrität	Ausdauer
Ausdrucksstärke	Ausgeglichenheit	Fleiß
Freiheit	Gemütlichkeit	Ausgelassenheit
Bereitwilligkeit	Besonnenheit	Bewusstheit
Demut	Verbindung	Charme
Nähe	Lässigkeit	Dankbarkeit
Charisma	Dienen	Disziplin
Spitzenposition	Effizienz	Ehre
Durchsetzungsvermögen	Ehrgeiz	Ekstase
Respekt	Ideenreichtum	Einfluss
Einfachheit	Einheit	Einigkeit
Eleganz	Erfolg	Erholung
Entspannung	Ermutigung	Ernsthaftigkeit
Erkenntnis	Fairness	Familie
Expertentum	Würdevolle Sexualität	Fitness
Urlaub	Flow	Fokus
Flexibilität	Freude	Freundlichkeit
Freizügigkeit	Mut	Führung

Frieden	Geben	Gelassenheit
Gastfreundschaft	Genuss	Gerechtigkeit
Genauigkeit	Gewinnen	Gewissheit
Geschicklichkeit	Hoffnung	Glaubwürdigkeit
Glaube	Glückseligkeit	Großzügigkeit
Glück	Gutmütigkeit	Harmonie
Güte	Heldentum	Herausforderung
Hartnäckigkeit	Herzlichkeit	Heldenhaftigkeit
Herkunft	Höflichkeit	Hilfsbereitschaft
Stille	Intuition	Intelligenz
Hingabe	Klarheit	Nutzbarkeit
Intimität	Konzentration	Können
Freundschaft	Langlebigkeit	Kooperation
Kunst	Lebhaft	Lebendigkeit
Kreativität	Team	Lernen
Vitalität	Loyalität	Liebe
Einzelgängertum	Milde	Macht
Logik	Optimismus	Mitgefühl
Mäßigung	Verpflichtung	Ordnung
Neugier	Pragmatismus	Fantasie
Perfektion	Selbstverantwortlichkeit	Präsenz
Potenz	Reinheit	Reichtum
Privatsphäre	Selbstbeherrschung	Schönheit
Reife	Sensitivität	Selbstvertrauen
Seelentiefe	Bedeutsamkeit	Urvertrauen
Vertrauen	Spannung	Sparsamkeit
Sicherheit	Spontaneität	Stärke
Sinnlichkeit	Sympathie	Synergie
Spiritualität	Transzendenz	Lust
Schutz	Stille	Überfluss
Überraschung	Unabhängigkeit	Nachhaltigkeit
Vielfalt	Vermögen	Vollendung
Wachstum	Visionär	Weisheit
Wildheit	Wahrheit	Wunder

In die leeren Felder dürfen Sie gern eigene Werte eintragen, die in meiner Tabelle oben fehlen.

ERKENNTNISSE, ERKENNTNISSE

An dieser Stelle haben Sie bereits hart gearbeitet. Dafür klopfen Sie sich selbst mal auf die Schulter. Diese Arbeit ist nicht selbstverständlich und oft auch schmerzhaft und anstrengend. Sie haben jetzt die Grundsteine gelegt um diese Arbeit auch in Ihrem Umfeld einfließen zu lassen.

Lassen Sie uns in diesem Kapitel einmal die psychologischen Grundlagen von Bedürfnissen und Werten unter die Lupe nehmen, damit wir diese beiden Begriffe nicht durcheinanderwerfen. Dann schauen wir, wie wir diese in den Klassenraum bringen können.

Ein Gedanke darf hier immer im Vordergrund stehen: Das Bedeutungsspektrum eines Werts oder eines Bedürfnisses ist so breit und individuell, wie wir Menschen es sind.

Am Beispiel Ehrlichkeit

Nehmen wir beispielsweise den Wert „Ehrlichkeit". Was bedeutet es, ehrlich zu sein? Für eine Person bedeutet Ehrlichkeit, die Wahrheit zu sagen, wenn man gefragt wird. Für eine andere bedeutet Ehrlichkeit, von sich aus alles zu erzählen, was sie beschäftigt. Und für eine dritte Person wiederum bedeutet Ehrlichkeit, keinesfalls Notlügen oder Ausreden zu benutzen, selbst wenn es andere Menschen verletzt. (Deshalb würde ich beispielsweise einer Freundin vielleicht nicht sagen, dass ich finde, dass ihr das Kleid nicht steht.)
Das wiederum ist für Person eins und zwei gar kein Problem, und schließt den Wert „Ehrlichkeit" nicht aus. Und diese Art von Durchdachtheit können wir jedem Wert entgegenbringen: Was verstehen wir unter Loyalität? Unter Wertschätzung? Unter Achtsamkeit?

In dieser Tiefe müssen (und sollten) Sie in das Thema „Arbeit mit Werten im Klassenraum" jedoch natürlich nicht einsteigen. Wenn die Jugendlichen es gewohnt sind, in wertschätzender Art und Weise über ihre Werte und Bedürfnisse zu kommunizieren, macht diese Arbeit einen Heidenspaß – denn sie entdecken sich selbst und ihre verschiedenen Seiten immer wieder neu. Das macht diese Arbeit so wertvoll, und auch Sie werden nicht umhin kommen, Ihre Werte zu hinterfragen und zu erforschen! – Es ist und bleibt eine Entdeckungsreise, und zwar eine abenteuerliche.

Wir alle kommen mit den gleichen Grundbedürfnissen zur Welt. Bei diesem Thema kommt einigen von uns vielleicht direkt die Bedürfnispyramide von Maslow, über die Sie bestimmt bereits im Studium gestolpert sind, in den Kopf.

MENSCHLICHE BEDÜRFNISSE

Maslow beschreibt die Hierarchie der Bedürfnisse wie folgt: Zuerst müssen unsere physiologischen Grundbedürfnisse wie Nahrung, Schlaf etc. befriedigt werden. Es folgt das Sicherheitsbedürfnis, unsere sozialen Bedürfnisse, die individuellen Bedürfnisse und dann erst die Selbstverwirklichung. Wir sind – im Gegensatz zu fast jeder anderen Tierart – extrem lange auf den Schutz durch unsere Eltern angewiesen. Wir sind jahrelang hilflos und könnten ohne verschiedenste Dinge nicht überleben. Dazu gehören Nahrung, Schutz und auch Nähe durch unsere Eltern. Wenn eines dieser Grundbedürfnisse nicht erfüllt wird, entwickeln wir massive Defizite. Junge Affen, denen im Aufwachsen körperliche Nähe verwehrt wird, sterben sogar daran.[6]

Diese Experimente an Affen durchzuführen, ist grausam genug und ich denke, hier dürfen wir von Rhesus-Affen auf Menschen schließen.

---

6 Vgl. Blum, Deborah (2003): Die Liebe, der Forscher, das Stofftier. https://folio.nzz.ch/2003/august/die-liebe-der-forscher-das-stofftier, NZZ Folio [abgerufen: 8.2.2020]

Während wir aufwachsen, erkennen wir immer mehr Zusammenhänge und erklären uns die Welt. Durch die Nähe oder Distanz unserer Eltern uns gegenüber und auch durch die gegenseitige Nähe oder Ferne unserer Eltern zueinander prägen sich Glaubenssätze ein. Wir entwickeln dabei also Überzeugungen in Form von „Väter zeigen ihre Liebe selten" oder „Wenn ich lieb bin, bekomme ich Aufmerksamkeit". Unsere *Software* (Psyche) wird programmiert, während unsere *Hardware* (Körper) wächst. Die Krux an der Sache ist diese: Wir entwickeln unsere Software nicht danach, wie wir selbst sind, sondern danach, wie uns erklärt wird, dass wir seien und wie die Welt sei. Und das passiert in den wenigsten Fällen explizit, sondern implizit. Wir erleben Situationen, und wir erklären sie uns selbst aus unserer eigenen Logik heraus. Dieses Set unserer Überzeugungen, sogenannten Glaubenssätzen, sitzt tief und es steuert unseren kompletten Tag und unsere komplette Lebensführung. Ich lege jedem ans Herz, sich mit seinen Glaubenssätzen zu beschäftigt. Viele von uns haben ihr bisheriges Leben so verbracht, wie sie erlernt haben, dass *man* es tun müsse. Kennen wir uns also selbst wirklich? Oder leben wir eine Version von uns selbst, die am meisten Zuspruch durch unser Umfeld (Eltern, Familie, Freund*innen) bekommt? Zweiteres ist oft der Fall und meist merken wir es gar nicht. Daraus ergibt sich eine latente Unzufriedenheit, die immer mal hervorschaut und dann wieder weggedrückt wird.

Ich sagte ja: Es ist eine spannende Reise. Und genau diese Reise durchlaufen auch unsere Schüler und Schülerinnen! Wenn wir diejenigen sind, die schon so früh diese Fragestellungen einbringen und die Möglichkeit bieten, Antworten auf die Frage zu finden, wer sie wirklich sind, dann können wir für unsere Schüler*innen den Rahmen setzen, den sie benötigen, um nicht mit 45 Jahren in die Midlife-Crisis zu rutschen. Sie haben dann herausgefunden, wer sie sind sowie was ihnen wichtig ist, und gelangen nicht in die Bredouille, eines Tages aufzuwachen und sich zu fragen, nach wessen Vorstellungen sie eigentlich ihr Leben bisher geführt haben.

Wie bereits weiter oben erwähnt, kommen die wenigsten von uns in den Genuss, im Laufe ihres Lebens in der Tiefe mit ihren Werten konfrontiert zu werden. Oft merken wir nicht einmal bewusst, wenn jemand gerade dabei ist, unsere Grenzen zu überschreiten. Wenn jemand unsere Grenzen übersteigt und unsere Bedürfnisse verletzt, dann erklären wir uns das oft damit, dass die andere Person eben anders, grob, rücksichtslos, egozentrisch usw. ist. Im besten Fall sprechen wir über das Geschehnis an sich. Einer von beiden entschuldigt sich und das war's. Im schlimmsten Fall haben wir nie gelernt, wie man mit Konflikten umgeht. Es eskaliert und wir finden uns immer wieder im gleichen Drama wieder.

WIR LIEBEN DRAMA

Interessant ist, dass unser Gehirn nach den biochemischen Vorgängen während eines Dramas regelrecht süchtig ist[7]. Da wird ein Cocktail an Hormonen ausgeschüttet, der uns aktiviert, stimuliert und uns intensiv fühlen lässt. Dass dies negative Gefühle sind, ist unserem System erst einmal egal. Sehr oft kreieren wir uns unser eigenes Drama, um diesen Cocktail auszuschütten. Im Frieden zu bleiben und nicht derart stimuliert zu werden, ist etwas, das für die meisten von uns fast schon bedrohlich ist.

Wir haben eine große Angst vor Reizarmut, vor Langeweile, weil wir uns so sehr darüber definieren was wir **tun**, nicht was wir **sind**. Stellen wir uns mal vor, wir würden uns auf ein Dunkel-Retreat begeben und zehn Tage in der Dunkelheit einfach nur mit uns selbst verbringen – in der Stille, ohne etwas zu sehen oder zu hören. Wenn wir bei dieser Vorstellung Stress empfinden anstatt Erleichterung, dann sind wir uns selbst auf die Schliche gekommen. Natürlich versteht

7 Vgl. Klein, Stefan (2008): Wie Sucht funktioniert. https://www.stern.de/gesundheit/sucht/zielscheibe-gehirn-wie-sucht-funktioniert-3216034.html [abgerufen: 03.01.2021]

sich, dass diese *Probleme* die Probleme einer Zivilisation sind, wie wir sie heute vorfinden. Im Leben eines Industriearbeiters vor 200 Jahren gab es allein durch den täglichen Überlebenskampf genügend Stimulation für das Gehirn. Wir kommen oft in die Bredouille, unsere heutigen Probleme als „Luxusprobleme“ zu brandmarken und sie nicht ernst zu nehmen – und gleichzeitig aber auch nicht zu realisieren, **wie** ernst sie sind. Denn unser Unglück ist real. Das Unglück, nicht zu lernen, wie wir uns auf wertschätzende und nährende Art und Weise mit unseren Mitmenschen verbinden können, wie wir Konflikte lösen können, ohne dass diese sich lebensbedrohlich anfühlen (denn für unser inneres Kind sind sie dies!), oder wie wir uns selbst in Gänze fühlen und uns verwirklichen können.

Alle diese Punkte bedient die wertebasierte Pädagogik und ich bin der Meinung: Dies sollten wir in der Schule lernen. Wir sollten uns mit uns selbst auseinandersetzen dürfen, und damit meine ich nicht nur den Rahmen unserer Talente und unserer Vorlieben, sondern auch mit unseren Schattenseiten. Wir wurden damit als Kinder alleingelassen, und heute lassen wir Kinder und Jugendliche genauso damit allein.

Wenn ich dies so schreibe, dann sehe ich Sie vor meinem inneren Auge, wie Sie protestieren. Sie würden dieses Buch ja nicht lesen, wenn Sie zu diesen Kolleg*innen gehören würden, die das tun ... Und natürlich haben Sie absolut Recht. In dem Rahmen, in dem das in der Schule ermöglicht wird, kümmern wir uns ja. Aber reicht dieser Rahmen aus?

Wenn ich mir die aktuelle Situation der Kinder in unserem Land anschaue, dann schrillt die Alarmglocke. Da sind viele Bereiche, in denen sie nicht so leben können, wie es ihnen entspräche. Und ja, da können wir jetzt wieder das Luxusproblem-Schild hochhalten, klar. Damit würden wir es uns aber sehr einfach machen. Woran es liegt, dass Kinder heutzutage ihr Potenzial kaum entfalten können, haben wir bereits angeschaut. Nun möchte ich im Folgenden mit Ihnen betrachten, wie wir dieses verändern können!

Check-up: Kapitel 3

In diesem (zugegeben sehr umfangreichen) Kapitel haben Sie sich selbst und Ihre Bedürfnisse und Werte erkennen und zu hinterfragen gelernt. Sie haben Ihre eigene Energiebilanz gezogen und hoffentlich einige Erkenntnisse über Ihren Tagesablauf und Ihren Lebensstil erhalten.

Wir haben uns mit der Biochemie Ihres Gehirns bei Drama beschäftigt und erkannt, dass unser Gehirn es einfach liebt, wenn etwas los ist, dem es große Bedeutung beimessen kann, um unser internes Drogenlabor besagte Chemie ausschütten zu lassen. Und Sie haben sich in der Tiefe gefragt, wer Sie in dieser Welt sein möchten. Das ist doch schon mal eine ganze Menge, oder?

Webcode für die Wertetabelle für Schüler*innen

*Die farbige Kopiervorlage mit einer Wertetabelle für Schüler*innen können Sie mit dem folgenden Webcode abrufen:*

cornelsen.de/codes
Code: xukoda

*Drucken Sie die Tabelle für alle Schüler*innen und sich selbst farbig aus, und teilen Sie diese aus, sobald Sie den Wertetyptest im Klassenraum durchgeführt sowie ausgewertet haben und den nächsten Schritt gehen wollen: „Werte erweitern“.*
Diese Werteliste erhebt keinen Anspruch auf Vollständigkeit und kann jederzeit ergänzt werden.

4 | Die eigenen Werte finden – der Wertetyptest

Wir haben bereits darüber gesprochen, dass Werte bei uns allen anfangs meist unbewusst sind. Deshalb beginnen wir, die unbewussten Werte zu bewussten zu machen, indem wir allen Jugendlichen erst einmal Startwerte geben, orientiert daran, wie sie sich typischerweise verhalten.

Aber machen wir einen Schritt nach dem anderen: Damit die Jugendlichen beginnen können, mit den eigenen Werten zu arbeiten, durchlaufen sie einen sogenannten Wertetyptest. Ich nenne den Wertetyptest absichtlich nicht Persönlichkeitstest, da dieser keinerlei Anspruch auf Kohärenz, Vollständigkeit oder ein psychologisches Profil erhebt. Was er aber schafft, ist, herauszufinden, wie die Jugendlichen jeweils mit Krisensituationen umgehen. Denn die Taktiken, auf die wir in Momenten zurückgreifen, wenn wir ein Problem lösen müssen, zeigen viel von unseren Bedürfnissen, Werten und unserem Selbstverständnis sowie unserer Selbstwirksamkeit auf.

Diesen Wertetyptest setzen Sie ein, wenn Sie mit dieser Säule beginnen, also gern nach einer allgemeinen Einführung in das Thema „Werte". Die Startwerte sind die vier Werte, die jeder Schüler und jede Schülerin mit der Auswertung des Wertetyptests bekommt.

VOR DEM WERTETYPTEST

Bevor die Kinder den Wertetyptest machen, bietet sich ein vorgeschaltetes Klassengespräch darüber an, was alle Menschen innerlich voneinander unterscheidet: Warum Lena beispielsweise nicht genau so ist wie Tina und dass Marvin sich in Konfliktsituationen vielleicht anders verhält als Tom. Für das Klassengespräch eignet sich ein Stuhlkreis besonders gut. Und ja, ich mache tatsächlich auch noch in der zehnten Klasse total gern einen Stuhlkreis. Er bedeutet einfach, dass alle gleich viel zu sagen haben und alle gehört werden. Diese Sitzordnung signalisiert den Schüler*innen, dass das Thema, das jetzt kommt, einen besonderen Stellenwert hat und dass es um sie geht. Wir aktivieren damit auch den Hippocampus, den Türsteher des Gehirns, der feststellt: Okay, das, was jetzt kommt, scheint wichtig zu sein. Da sind wir mit unserer Aufmerksamkeit doch direkt mal dabei. Wenn nicht alle aufmerksam sind oder sie sich unwillig zeigen, etwas Neues zu tun (Ja, erschreckenderweise kommt das oft vor!), kommt meine Zauberfrage ins Spiel: „Habt ihr Lust auf ein Experiment?"

In diesem Stuhlkreis kommen wir nun den Lebensthemen der Schüler und Schülerinnen näher, indem wir auf ihren Alltag eingehen. Hier können wir über ihre alltäglichen Bedürfnisse und Konflikte sprechen und uns auch dem Thema „Talente und Strategien" nähern. Darüber können wir die Brücke schlagen zum eigenen Familienhintergrund, zu unseren Unterschieden und unseren unterschiedlichen Werten. Was ist uns wirklich wichtig? Diese Diskussion um die Werte „Freundschaft", „Loyalität" oder „Freiheit" aufzubauen, bietet sich vor allem in höheren Klassen an, bei jüngeren Schüler*innen würde ich z. B. den Wert „Zusammenhalt" auswählen. Wenn Schüler oder Schülerinnen sich hier noch nicht bereit dazu zeigen, sich zu öffnen, akzeptieren wir das natürlich. Hier gilt es, Vertrauen zu uns, zur Klasse und zu den neuen Methoden aufzubauen.

Wenn Sie ideenlos sind, dann bieten sich auch hier Zauberfragen an (siehe Infokasten S. 30 oben: „Zauberfragen als Türöffner").

Zauberfragen als Türöffner

Zauberfragen öffnen den Fokus für das Denken „über den Tellerrand" hinaus, öffnen den Lösungsraum anstatt des Problemraums und knüpfen an die Lebenswelt jedes einzelnen Schülers und jeder Schülerin an
„Wie findest du, sollte sich jeder Mensch anderen Menschen auf der Welt gegenüber verhalten?" oder „Welches Verhalten anderer dir gegenüber magst du gar nicht?"
*Jede*r Schüler*in wird gehört und darf einmal für sich definieren, was dieser Wert für ihn*sie persönlich für eine Bedeutung hat. Am besten geschieht dies einmal schriftlich, damit sich die Schüler*innen aus Bequemlichkeit oder Ratlosigkeit nicht einfach alle wiederholen.*

Wir sollten es nicht unterschätzen: Diese Arbeit ist anstrengend für das jugendliche Gehirn. Im Interesse eines jeden Gehirns ist es, Energie zu sparen und die Schubladen beizubehalten, die es einmal geschaffen hat. Über diese Schublade hinaus zu denken, sie zu hinterfragen und eventuell auszubauen, ist eine Mordsarbeit und kann viele Ähms und Ichweißnichts hervorbringen. Das ist völlig normal, wir sollten uns davon nicht entmutigen lassen! Unsere Schüler und Schülerinnen lernen in diesem Moment vielleicht das erste Mal, sich selbst wirklich zu reflektieren und zu erforschen. Viele haben das noch nie vorher getan, vor allem nicht auf Aufforderung.

Sie können hier mit vielen Beispielen aus Ihrem eigenen Lebensalltag unterstützen: Ihrer Weltanschauung, Ihren Freundschaften etc. Wo haben Sie beispielsweise schon gemerkt, dass Sie andere Werte als Ihre Lieben haben? Wenn Sie die Aufgabe, in diesem Rahmen das Thema „Werte und Bedürfnisse der Einzelnen anzusprechen und kennenzulernen", authentisch durchführen und gern auch von Ihren Bedürfnissen und Werten erzählen, werden Sie schon hier ganz viel säen und auch ernten: Die Schüler*innen fühlen sich gesehen und merken, dass Sie ein wirkliches Interesse an ihrem Innenleben haben.

Auch das überfordert manche Jugendlichen bereits, und diese Tatsache an sich darf Sie aufrütteln. Vor allem (über-)angepasste Jugendliche sind es gewohnt, die Seiten an sich zu zeigen, von denen sie wissen, dass ihr Umfeld sie schätzt und fördert. Diese werden sie auch hier präsentieren. Sie sind es so gewohnt, und es ist für sie ein Einfaches. Auch sie kommen früher oder später an den Punkt zu merken, dass diese Verhaltensweisen nicht wirklich ihrem Innersten entsprechen – und dann wird es knackig. Da sind wir jetzt aber noch nicht.

SO FUNKTIONIERT DER WERTETYPTEST

Am Ende dieses Kapitels befindet sich eine Kopiervorlage mit dem Wertetyptest. Hier sind verschiedene Aussagen zu finden, welche den Jugendlichen eine Krisensituation beschreibt. Aus dieser heraus sollen sie jeweils eine Möglichkeit der Reaktion auf die Situation wählen. Aus dieser können wir rückschließen, welche Bedürfnisse und Werte die Jugendlichen jeweils haben, nach denen sie handeln.

Für die Auswertung habe ich den einzelnen Antworten Buchstaben zugeordnet, die jeweils Tieren entsprechen. Abhängig davon, welches Antwortschema jeweils am häufigsten von den Jugendlichen gewählt wird, ergibt sich in der Auswertung ein Tier als Wertetyp.

Die sieben Tiere habe ich entsprechend ihrer Verhaltensweisen im natürlichen Raum zugeordnet: Elefant, Hund, Pferd, Quokka, Ziege und Krabbe. Es gibt für jeden Wertetyp zwei verschiedene Auswertungen: eine für die Jugendlichen selbst und eine für die Lehrperson. Diese Auswertung für die Lehrkraft stellt heraus, wie einzelne Schüler*innen gefördert werden können und was sie von der Lehrperson dringend braucht. Und vor allem bekommen die Schüler*innen dem Ergebnis entsprechend besagte vier Startwerte, die sie in ihre Werteübersicht eintragen können und auf deren Basis sie erst einmal beginnen können, mit Werten zu arbeiten. Mehr über die Arbeit mit den Werten im Laufe der Zeit finden Sie im folgenden Kapitel.

DER ERSTE SCHRITT – DAS KLASSENGESPRÄCH

In diesem ersten Schritt ist es ein Erfolg, wenn alle Jugendlichen in der Lage sind, einen kleinen Beitrag und ihre Sicht auf einen Wert mit einzubringen. Und dafür sollten Sie sich unbedingt ausreichend Zeit nehmen. Perfekt dafür ist natürlich ein Methodentag. Es reicht für dieses einführende Gespräch aber auch eine Doppelstunde, wenn Sie den Wertetyptest nicht direkt anschließen. Er darf dann später folgen, am besten noch im gleichen Monat. Sie sollten nicht den Fehler begehen, voller Begeisterung in den Klassenraum zu stürmen mit dem Ausruf „Ab heute wird alles anders! Wir arbeiten jetzt wertebasiert!".

Das ist definitiv zwar so und stimmt auch. Aber alles, was unbekannt ist, trifft nicht auf Gegenliebe. So sind wir Menschen eben gestrickt. Sie müssen Ihren Schüler*innen gar nicht von Ihren großen Plänen erzählen. Sie lassen diese einfach Tag für Tag ein bisschen mehr Teil Ihres Klassenalltags werden. So bauen sich gar nicht erst Augenrollen oder Antipathie auf, die Ihnen den Wind aus den Segeln nimmt und die Jugendlichen schließt, statt öffnet. Gerade dann, falls Sie schon einiges ausprobiert haben, ist der Wille seitens der Schüler*innen oft nicht mehr da.

DER ZWEITE SCHRITT – DER WERTETYPTEST

In Schritt zwei füllen die Schüler und Schülerinnen den Wertetyptest aus. In der Auswertung stellen Sie fest, welcher Buchstabe am häufigsten angekreuzt wurde. Dieser repräsentiert wie gesagt ein Tier und bestimmte Startwerte.

Bei der Testauswertung kann es zu Folgendem kommen: Manche Schüler*innen kreuzen mehrere Buchstaben gleich oft an. Das bedeutet, dass sie sich nicht kohärent zu ihrem wirklichen Wesen verhalten, sondern angepasstes Verhalten zeigen. Das ist völlig normal, denn jedes Lebewesen hat ein Interesse an Harmonie im Lebensgefüge und zeigt das Verhalten, das am wenigsten Widerstand erwarten lässt. Ich habe Mischformen deshalb in diesem Fall ausgeschlossen. Wenn mehrere Antworten im Test gleich oft angekreuzt wurden, bietet es sich an, den Schüler oder die Schülerin beide Auswertungstexte durchlesen und entscheiden zu lassen, was besser zu ihm bzw. ihr passt.

Es lässt sich oft auch beobachten, dass Felder angekreuzt werden, die überhaupt nicht übereinstimmen mit dem realen Verhalten der Jugendlichen. Sie kreuzen dieses Feld jedoch an, weil sie das Verhalten eigentlich gern zeigen würden – oder weil sie eine sehr verschobene Realität haben. Hier ist es wichtig, dass Sie allen Jugendlichen ihre Antwort lassen. Denn hier einzugreifen mit dem Satz „Nee komm, so bist du wirklich nicht!" würde auch hier wieder signalisieren, dass der Schüler bzw. die Schülerin falsch sei, wie er bzw. sie ist (entweder aus falscher Selbsteinschätzung oder wegen einer *Lüge*). Das bedeutet für die betroffenen Jugendlichen, objektifiziert und nicht gesehen zu werden. Und das ist genau der Teufelskreis, den Sie durchbrechen dürfen.

Natürlich geht es im Laufe dieser Reise darum, jedem und jeder Jugendlichen einen realistischen Blick auf das eigene Selbst zu ermöglichen. Aber wenn Sie am Anfang reglementieren und alles vorgeben, dann können Sie auch gleich die Tests selbst ausfüllen. Auch hier gilt: Wir sehen die Welt nicht, wie sie ist, sondern wie wir sind. Jede*r von uns trägt seine Realitätsbrille aus seinen bzw. ihren Erfahrungen, Programmen und Mustern. So fällt uns an Schülern und Schülerinnen immer vor allem das Verhalten negativ auf, das uns an uns selbst auch stören würde, da wir es uns selbst nicht zugestehen (oder es uns nicht zugestanden wurde), oder weil es unsere Grenzen überschreitet und uns verletzt.

Es ist eine diffuse Mischung aus Projektion und Fokus, aus denen unser Bild eines anderen Menschen besteht, und niemals die ganze Person bzw. die wirkliche und tatsächliche andere Person. Es existieren auf diesem Planeten 7,8 Milliarden Realitäten (wenn wir nur die Menschen zählen). Wir dürfen jedem und jeder Jugendlichen seine bzw. ihre Realität lassen. Wenn die Attribute nicht stimmen, wird die Person sie selbst korrigieren im Laufe der Schulmonate und -jahre, in denen wir mit Werten arbeiten. Denn das Interesse daran, sich selbst kennenzulernen, ist intrinsisch. Als Kinder und Jugendliche können wir alle in jungen Jahren Stunden damit verbringen, unseren Körper zu erkunden und herauszufinden, wer wir eigentlich äußerlich sind. Das Innere vergessen wir nur, zu erkunden, eben weil viele Momente auch schmerzhaft sind, und damit unterdrückt und verdrängt werden. Doch diese gehören ebenfalls zu uns. In dieser Wertearbeit geht es darum, sie zu erkennen und zu erforschen, um sie dann als Teil von uns selbst anzuerkennen.

Wenn alle Jugendlichen ihre Tiere herausgefunden haben, kann es passieren, dass manche bei der Zuordnung zu den einzelnen Tieren zu lachen beginnen. Sei es, weil ein Elefant dick ist oder eine Ziege immer meckert oder aus anderen Gründen. Hier springe ich gerne in die Bresche und bringe an, wie viele meiner Freunde und Freundinnen zum Wertetyp „Elefant" gehören, und wofür ich sie schätze. Sie sind nämlich sehr weise, ein Fels in der Brandung, auf sie kann man sich immer verlassen und sie agieren nicht überraschend oder unerwartet. Und ich selbst bin übrigens eine Ziege. Das nimmt oft den Wind aus den Segeln.

Es geht hier nämlich um innere Werte, nicht um äußere – wobei ich sagen muss, dass Elefanten-Kinder meiner Beobachtung nach tatsächlich überdurchschnittlich oft übergewichtig sind. Wenn wir das Thema psychosomatisch betrachten, erkennen wir, dass das ein oder andere Kilo zu viel einfach Schutz vor dem Außen bietet. Und dieser ist Elefanten oft ein Bedürfnis. Was ich sagen möchte: Wir sollten in die Situation springen und jegliche Anflüge von Auslachen, Ausgrenzen oder sogar Mobbing mit einer klaren Positionierung unterbinden. Jeder Wertetyp und jedes Tier hat so viele positive Seiten und Besonderheiten!

Wer das Quokka am meisten angekreuzt hat, ist ein überlagerter Wertetyp. Das heißt, die Person hat ihre eigentliche Persönlichkeit so sehr mit Verhaltensweisen überlagert, die ihre Bedürfnisse erfüllen sollen, dass die ursprüngliche Persönlichkeit darunter verschüttet ist. Hier stehen dann das Streben nach Erfolg, oft auch rücksichtslos andere unterzubuttern oder das Streben nach Anerkennung und das Sichern des eigenen Vorteils im Vordergrund. Die Person hat gelernt, dass dieses Verhalten erwartet wird oder funktioniert, besser als das, was sie eigentlich ausmacht.

Problematische Schüler und Schülerinnen bekommen das Quokka oft in der Auswertung zugeordnet. Sie benötigen besonders viel Hilfe in der darauffolgenden Zeit, um wieder zu ihrem ursprünglichen Kern zurückzufinden. Das müssen Sie jedoch jetzt noch nicht kommunizieren. Der Zeitpunkt dafür wird kommen. Denn die Jugendlichen merken selbst früher oder später, dass sie diese Masse an Masken nicht mehr tragen möchten. Dies sind oft diejenigen, denen wir wiederholt in Konferenzen oder Konfliktlösungsvorgängen gegenübersitzen.

DER DRITTE SCHRITT – ZUORDNUNG DER TIERE

In Schritt drei geht es nun darum, die Jugendlichen mit ihren Startwerten auszustatten. Hier sollen sich alle ein oder zwei Werte aus dem vorgeschlagenen Ergebnis, also den vier Startwerten des Tieres heraussuchen, mit denen sie etwas anfangen können. In einem Satz schreiben alle Jugendlichen jeweils für sich selbst auf, was dieser Wert für sie bedeuten.

Wenn Sie diese Übung mündlich machen, wird wieder nachgeplappert, weil es anfangs oft zu schwer fällt, sich wirklich selbst Gedanken über diese Themen zu machen. Hier kann unter Umständen auch Hilfestellung nötig sein! Die dürfen Sie natürlich geben.

Alle Jugendlichen bekommen nun ihre eigene Tabelle (siehe S. 28), in der die eigenen Werte schriftlich festgehalten werden. Hinein kommen sowohl die zwei Werte, die sie sich aus den Startwerten herausgesucht haben, als auch die neu entdeckten Werte, die in der nun folgenden Wertearbeit über Wochen oder auch Monate hinweg erarbeitet und aktualisiert werden.

Beim Befüllen der Wertetabelle mit den ersten beiden Werten ist es wichtig, dass dies mit einem Stift geschieht, der entweder auslösch- oder radierbar ist. Denn unter Garantie werden sich die Werte und ihre Bedeutung bzw. Beispiele dafür in den kommenden Wochen verändern.

Wenn ein*e Schüler*in nun wirklich nichts mit keinem der vier Werte anfangen kann, dürfen Sie helfen, indem Sie sich ein Szenario ausdenken, in dem dieser Wert entweder bedient oder verletzt wird. Wenn Sie selbst den Wert erklären, wird Ihre Ansicht darüber übernommen. Da bedarf es also Fingerspitzengefühl, nicht den einfachen Weg zu nehmen und das nicht zuzulassen. Anschließend dürfen alle Jugendlichen ihre beiden Werte vorstellen – gern auch in Beispielsituationen. Auch dies ist natürlich wieder freiwillig! Diejenigen, die das nicht können oder möchten, können es im Anschluss gern bei Ihnen als Lehrperson tun, wenn sie darüber sprechen möchten. Ansonsten können sie ihre persönliche Wertetabelle mit diesen zwei Werten abheften.

DER VIERTE SCHRITT – KLASSENWERTE SAMMELN

In Schritt vier geht es nun endlich darum, die Klassenwerte zu sammeln. Die Klassenwerte sind die Werte, die die meisten Schüler*innen ausgewählt haben. Entweder sind es bis zu zehn Werte, dann können alle aufgenommen werden, oder es werden jeden Monat drei Werte bestimmt, die häufig vorkommen. Diese sind dann die Monatswerte und kommen immer wieder zur Sprache. Hier bietet sich ein Plakat an. Sie können darauf die Werte doppeln oder – wenn sie öfter genannt wurden – diese auch mehrfach untereinander aufkleben, damit klar wird, was den meisten Kindern wichtig ist. Alternativ schreiben Sie jeden Wert nur einmal auf. Es bietet sich an, die Wertekarten aus der vollständigen Werteliste für Schüler*innen (Webcode zum Download siehe S. 28) farbig zu kopieren und diese auf das Plakat aufzukleben, damit am Ende ganz klar ist – und es auch optisch ansprechend ist – was Sie als Klasse ausmacht. Nun haben alle ihre Startwerte, und es kann weitergehen!

Auf einen Blick noch einmal die vier Schritte in dieser Säule:

Schritt 1: Das Klassengespräch über unsere Diversität und unsere ganz individuellen Bedürfnisse – gern im Stuhlkreis
*Schritt 2: Der Wertetyptest, den jede*r Schüler*in selbstständig durchführt und auswertet*
*Schritt 3: Jede*r sucht sich aus den vorgeschlagenen vier Startwerten des jeweiligen Tieres zwei aus und definiert sie für sich selbst.*
Schritt 4: Die Klassenwerte werden gesammelt und aufgehängt.

Ab sofort können Sie gemeinsam mit diesen Werten arbeiten, und zwar entweder in Konfliktsituationen, in denen diese verletzt werden, oder im Rahmen von Unterrichtsinhalten, deren Themen sich auf diese Werte stützen.

DIE WERTEFINDUNG: WERTE NACH DEM TEST ENTDECKEN UND ERFORSCHEN

Die Schüler*innen haben ihre beiden Startwerte bekommen. Jetzt geht es darum, diese zu erforschen, anzuwenden und das eigene Werteprofil zu vervollständigen.

Sobald alle ihre ersten Werte definiert haben, folgen natürlich ebenfalls die ersten Wertebrüche und Werteverletzungen.

Wenn wir unsere Werte aus dem unbewussten Teil unseres Geistes in den bewussten Teil geholt haben, wird uns auch immer wieder klar werden, wenn jemand ihnen nicht entspricht. Oft sind wir das selbst sogar. Im Schulalltag sind es jedoch oft andere Schüler*innen. Wenn ein Mensch gegen seine eigenen Werte verstößt, nennen wir das einen Wertebruch. Ein solcher schwächt unsere Integrität und unser Selbstverständnis. Wenn hingegen jemand anderes meine Werte von außen verletzt, nennen wir das eine Werteverletzung. Diese geschehen im Klassenraum fast täglich.

Achtung!

*Ihre Schüler*innen merken schnell, dass sie es schaffen können, mit Diskussionen um Werte und Wertebrüche oder Werteverletzungen ganze Unterrichtsstunden auszuhebeln. Und da dürfen Sie direkt eine klare Grenze ziehen. Lassen Sie sich nicht in zu viele Diskussionen hineinziehen. Kleinigkeiten dürfen Kleinigkeiten bleiben, so wie das vor der Wertearbeit auch der Fall war. Ihre Schüler*innen dürfen spätestens hier die Erfahrung machen, dass dort, wo Menschen zusammen sind und arbeiten, dauernd die eigenen Grenzen überschritten werden. Es dürfen alle für sich ausloten, wo das in Ordnung ist und wo nicht – sowie die Konsequenzen ziehen.*

DIE WERTE AKTIV NUTZEN

Für diese Übung können Sie zu Beginn mehr Zeit einplanen, vielleicht 15 bis 20 Minuten, später wird sie dann komprimiert auf fünf bis zehn Minuten. Und zwar wenden alle die gefundenen Werte nun auf Alltagssituationen an, also auf die eigene Lebenswelt.

Dafür benötigen Sie ein aktuelles Geschehnis aus dem Alltag (Politik etc.) welches Sie durch ein Medium den Schüler*innen zugänglich machen – sei es durch einen Zeitungsartikel oder ein kurzes Video etc. Ich nutze hierfür in den jüngeren Jahrgängen (fünf bis sieben) gern die Sendung „ZDF Logo“. Bei den älteren Schülern in den Jahrgängen acht bis 13 bietet sich beispielsweise der Krautreporter an, ein täglicher Newsletter, der mir per E-Mail eine Auswahl an Themen liefert. Wenn ich mich für ein Thema entschieden habe, bzw. ein*e Schüler*in sich einen der Themenblöcke ausgesucht hat, wird dieser vorgelesen bzw. angeschaut. Dann frage ich nach Meinungen und Positionen der Schüler*innen. Hier bringen diese dann ihre Werte ein.

Gleiche Standorte – unterschiedliche Werte

Beispielsweise ist Jonas für die aktive Sterbehilfe, weil er den Wert „Freiheit“ (und für ihn freie Entscheidung) ganz weit oben in seiner Werteliste hat. Nela ist hingegen für aktive Sterbehilfe, weil sie als Ziege die Werte „Gerechtigkeit“ und „Harmonie“ ganz oben auf ihrer Liste hat. So können die Standpunkte gleich, aber die Gründe dafür unterschiedlich sein.

Dieses ist natürlich unendlich fortführbar. Wenn Schüler*innen neue Werte bei sich entdecken, dann nehmen sie sie mit auf in ihr Portfolio (= Wertetabelle). Dieses füllt sich nach und nach. Hier dürfen Sie anfangs auch darauf hinweisen, wenn Ihnen auffällt, dass Jugendliche einen bestimmten Wert noch ergänzen könnten bzw. sollten. Die Entscheidung ist aber letztendlich allen Schüler*innen selbst überlassen.

Hierfür brauchen Sie täglich fünf bis zehn Minuten Zeit – und die haben es echt in sich. Danach sind die Schüler*innen so aktiviert und wach, dass Sie Ihre Inhalte auch in der übrigen Stunde noch problemlos vermitteln können. Dabei dürfen Sie übrigens auch immer gern aus Ihrem Nähkästchen und von Ihren persönlichen Werten plaudern und die Schüler*innen inspirieren. Diese schätzen es sehr, wenn Sie am Anfang eine Konsistenz in diesen Übungen zeigen und sie zwei, drei Mal in der Woche nutzen. Gern können Sie sie auch am Anfang ihrer Unterrichtsstunden noch regelmäßiger einplanen, und wenn einmal eine Woche gar nichts geht, ist natürlich auch das in Ordnung. Schauen Sie, was gut und durchsetzbar für Sie ist.

Check-up: Kapitel 4

In Kapitel vier haben Sie sich damit beschäftigt, wie Sie in Ihrer Klasse die Wertearbeit einführen können, wie Sie den Wertetyptest nutzen, um die Wertetypen herauszufinden, und wie Sie den Jugendlichen ihre Startwerte an die Hand geben können, um mit der Wertearbeit zu beginnen. Sie haben sicherlich einiges über Ihre Schüler*innen herausfinden können und beim Durchlesen der Typen bereits einige vor Augen gehabt. Sie haben ebenfalls gelernt, wie Sie von nun an die Werte aktiv in Ihrem Unterricht nutzen können, um Redeanlässe zu schaffen und Selbsterforschung in jeden Tag Schule miteinzubringen. Damit ist viel geschafft! Der Grundstein ist gelegt. Wunderbar!

KV

Kopiervorlage – Wertetyptest

Bitte kreuze bei den folgenden Fragen jeweils die Antwort an, die am ehesten zu dir passt. Frage dich dafür jeweils selbst: „Was wäre meine typische Reaktion?“

1) Stell dir vor, deine Lehrerin kommt herein und möchte einen Überraschungstest schreiben in einem Fach, das du recht gut beherrschst. Was denkst du?
   K: Das schaff ich doch nicht. Wär ich heut nur zu Hause geblieben!
   P: Okay, ich konzentrier mich jetzt. Ich hab letzte Woche gut aufgepasst und konnte meiner Freundin das auch zu Hause nochmal erklären. Wird schon!
   Z: Was haben wir gestern durchgenommen? Bestimmt kommt das dran. Gut dass ich da mitgedacht habe. Das Thema interessiert mich sowieso, und wenn's daneben geht, haut mich meine mündliche Note raus.
   E: Wird schon schiefgehen. Und wenn nicht, ist's nicht das Ende der Welt.
   F: Was brauche ich, um eine Vier zu schaffen? Ich geh im Kopf nochmal alles durch, was ich mitbekommen habe letzte Woche. Wenn ich jetzt Aufgabe 1, 2 und 5 richtig habe, sollte es reichen.
   Q: Scheiße! Also, das ist jetzt mal echt unfair! Das hätte sie doch ankündigen können! Selbst dann wär es schlecht genug ausgegangen für mich. Vielleicht reicht ja aber auch ein Blick nach rechts oder links ab und an. Sie bekommt es eh nicht mit wenn ich ein bisschen abgucke.
   H: Oje. Na, das hätte ja besser laufen können. Gut dass meine Kumpels/Freundinnen heute da sind. Da werd ich mich danach erstmal ausheulen können. Die verstehen mich! Und wenn ich eine Aufgabe nicht verstehe, frage ich einfach die Lehrerin, dann erklärt sie mir die nochmal. Vielleicht bekomm ich es dann hin.

2) Stell dir vor, zu Hause gibt es Stunk. Deine Eltern streiten sich über etwas, das du nicht ganz verstehst, und es hat mit deren Beruf zu tun. Wie reagierst du?
   K: Ich verzieh mich lieber in mein Zimmer, da bekomm ich nichts mit und keiner kann mich da reinziehen.
   P: Ich versuche, zu vermitteln, damit sie wenigstens aufhören zu brüllen. Es gibt doch meist gar keinen guten Grund laut zu streiten.
   Z: Ich versuche, die Situation zu verstehen, indem ich nachfrage. Wenn sie dann noch blöder werden und auch mich anmotzen, dann bin ich beleidigt. – Ich wollte doch nur helfen.
   E: Ich warte einfach ab. Das dauert eh nur eine halbe Stunde und dann sind sie fertig.
   F: Damit habe ich nichts zu tun und ich bin ja auch nicht Teil des Problems. Nicht mein Zirkus, nicht meine Affen! Ich bin dann in meinem Zimmer.
   Q: Ich schaue, ob ich mich nicht einmischen kann in den Streit, um zu helfen, ihn zu lösen. Wer weiß, vielleicht haben sie dann einen guten Eindruck von mir, weil ich geholfen habe?
   H: Ich versuche beide Seiten zu verstehen, aber nachfragen und stören, tu ich dabei nicht. Ich schlage mich auf keine Seite.

3) Du bekommst auf dem Zeugnis eine Note schlechter als dein Sitznachbar, der deiner Meinung nach aber viel weniger Leistung zeigt als du. Wie reagierst du?
   K: Ich verteufele den Lehrer und die Welt und finde es einfach nur ungerecht. Aber das behalte ich für mich. Es hat noch nie etwas gebracht, den Mund aufzumachen.
   P: Ich frage erst meinen Nachbarn nach seiner Meinung und dann meine Freundinnen und Freunde nach ihrer. Dann argumentiere ich mit dem Lehrer nach der Stunde. Ich bin dabei selbstsicher, denn ich bin im Recht.

978-3-589-16762-3 | Svenja Strohmeier | Sekundarstufe I – Klassenwerte statt Klassenregeln

Z: In dem Moment, in dem die Noten vorgelesen werden, protestiere ich lautstark. Das soll der jetzt aber mal erklären!

E: Ich werd nochmal meine Arbeiten durchschauen und überlegen, ob ich mich wirklich so viel beteiligt habe. Möglicherweise achtet der Lehrer auch einfach nicht auf mich. Vielleicht spreche ihn nochmal darauf an. Und sonst? – Es ist nicht aller Tage Abend. Im zweiten Halbjahr gibt's dann bestimmt die bessere Note.

F: Ich bin verwundert, aber es wird schon richtig sein. Vielleicht habe ich etwas an der Benotung falsch verstanden. Es gibt Schlimmeres. Ich komme drüber weg.

Q: Wenn ich diese schlechtere Note jetzt bekomme, ist mein Durchschnitt ruiniert. Und dabei habe ich mich echt so doll angestrengt! So ein Mist. Es hat sich wohl doch nicht gelohnt. Ich finde, er muss die Note korrigieren, und zwar am besten sofort! Ich sorge dafür dass er das auch gleich mitbekommt. Wenn er das nicht tut, bin ich beleidigt und beschließe, jetzt einfach gar nichts mehr zu machen. Anstrengung bringt ja offenbar nichts.

H: Ich frage meinen Sitznachbarn, ob er versteht, wie das zustande gekommen ist. Vielleicht habe ich ja etwas übersehen. Er hilft mit bestimmt.

4) Stell dir vor, du hast eine stressige Woche hinter dir. Was tust du am Wochenende um dich zu entspannen?

K: Ich mache das gleiche wie sonst auch: entspannen, lesen, nichts Aufregendes. Zu viel Trubel ist nichts für mich! Ich verbringe dann lieber Zeit in meinem Zimmer.

P: Raus geht's! Die Clique treffen, Menschen kennenlernen und eine spaßige Zeit zusammen haben! Dabei entspanne ich mich herrlich.

Z: Ich überlege vorher, was mir gut tun würde, verwerfe dann einige Dinge und entscheide mich für eine Möglichkeit. Das will gut durchdacht sein, damit es mir auch maximal gut tut! Manchmal mag ich die Gesellschaft von Menschen sehr, vor allem wenn sie mich mögen. Aber oft finde ich Menschen länger anstrengend. Dann brauche ich Zeit für mich.
E: Ich bin da spontan. Mal schauen, was auf mich zukommt! Egal was, es wird schon gut werden.

F: Ich fahr ein bisschen mit dem Fahrrad in der Gegend herum, mal schauen wen ich so treffe oder auch nicht. Ich plane so etwas nicht.

Q: Ich bin ein Gruppenmensch und in Gesellschaft meiner Clique gehe ich richtig auf. Oft bestimme ich, wo's langgeht, einfach weil ich den besten Plan von allen habe. Wenn ich entscheide wird's immer cool!

H: Ich verbringe gern Zeit mit meiner Familie oder mit meiner besten Freundin. Da weiß ich, dass es schön wird. Ansonsten les ich gern ein Buch oder verbringe auch so Zeit mit mir. Das entspannt mich!

5) Stell dir vor, du hast überraschend in einem Fach, das du nicht magst, eine Eins geschrieben. Was denkst du?

K: Das muss ein Fehler sein. Woher sollte das plötzlich kommen?

P: Ha! Man kann ja auch mal Glück haben!

Z: Da muss ich wohl überzeugt haben. Vielleicht bin ich ja doch ganz gut in dem Fach? Ich bin gespannt herauszufinden, wie ich das geschafft habe!

E: Geil. Nächstes Mal lerne ich überhaupt nicht. Hat ja diesmal auch geklappt.

F: Wir haben einen Test in dem Fach geschrieben? Kann ich mich gar nicht mehr dran erinnern.

Q: Okay. Dann wird das jetzt wohl mein neues Lieblingsfach.

H: Oh! Wie schön. Ich freue mich sehr für mich. Hoffentlich bleibt es so gut!

978-3-589-16762-3 | Svenja Strohmeier | Sekundarstufe I – Klassenwerte statt Klassenregeln

6) Stell dir vor, du hörst in der Schule ein fieses Gerücht über dich, was überhaupt nicht stimmt. Wie reagierst du?
   K: Ich spreche erst mal mit niemandem mehr und hoffe, dass schnell Gras über die Sache wächst.
   P: Ich aktiviere sofort meinen Freundeskreis und sorge dafür, dass sie herausfinden, von wem es in die Welt gesetzt wurde. Das wird er oder sie bereuen!
   Z: Ich finde es so unnötig, so etwas zu machen. Das ist einfach nur sinnlos gemein. Da hat jemand ganz viel Langeweile und Komplexe gehabt. Aber muss er das an mir auslassen?
   E: Ist mir nicht so wichtig. Ich weiß ja, dass es nicht stimmt. Sowas Bescheuertes bekommt gar keine Aufmerksamkeit von mir.
   F: Wie kommt die Person überhaupt auf mich? Ich hab der doch gar nichts getan!
   Q: Na warte ab. Ich weiß ein viel gemeineres Gerücht über dich, das ich direkt in die Welt setzen werde!
   H: Das war sicherlich keine Absicht. Stille Post und so! Das geht echt schnell. Ich erzähle allen wie es wirklich war und dann ist das vom Tisch.

7) Stell dir vor, es war Klassensprecherwahl und du hast ganz knapp gegen eine andere Schülerin verloren. Wie fühlst du dich?
   K: Ich bin am Boden zerstört. Es wäre doch besser gewesen, mich gar nicht aufstellen zu lassen!
   P: Ich bin fassungslos. Wie konnte das passieren? Wissen die nicht, dass ich dafür mit Abstand am besten geeignet wäre?
   Z: Ich möchte wissen, woran es lag und werde jeden, der gegen mich gestimmt hat, zur Rede stellen.
   E: Super! Weniger Arbeit für mich.
   F: Das wäre mal etwas gewesen. Eine tolle Chance. Aber fast gewonnen ist auch etwas!
   Q: Ich fordere eine erneute Abstimmung.
   H: Es wäre schön gewesen, aber es ist kein Weltuntergang. Ich kann mich stattdessen bestimmt um das Klassenbuch kümmern!

Auswertung

Am Ende sammelst du die Buchstaben, für die du dich entschieden hast, und schaust, welchen du am meisten angekreuzt hast. Wenn es zwei sind, die du gleich oft angekreuzt hast, dann suche dir eine der Fragen aus, die besonders typisch für dich ist, und nimm am Ende diesen Buchstaben.

Ergebnis

Das K steht für die Krabbe, das P steht für das Pferd, das Z steht für die Ziege, das E für den Elefanten, das F für den Frosch, das Q für das Quokka und das H für den Hund.

Webcode: Auswertung des Wertetyptests für die Lehrkräfte und die Schüler*innen

*Die farbige Kopiervorlage für die Auswertung des Wertetyptests für die Lehrkräfte und für die Schüler*innen können Sie mit dem folgenden Webcode abrufen:*
cornelsen.de/codes
Code: zuxuse
Drucken Sie die Übersichten farbig aus.

978-3-589-16762-3 | Svenja Strohmeier | Sekundarstufe I – Klassenwerte statt Klassenregeln

5

5 | Chancen von Meditation bei Konflikten

Meditation ist eine Technik, mit welcher wir unsere Gehirnwellen aktiv und gezielt verändern, um unseren gesamten Organismus zu beruhigen, zu entspannen und herunterzufahren. Sie ist mittlerweile weitgehend erforscht und am EEG kann sogar bildlich nachverfolgt werden, was geschieht, wenn wir tief atmen, unsere Gedanken beruhigen und ganz zu uns selbst kommen.

Wirkweise und Funktion von Meditation

Auf physiologischer Ebene wird im Meditationsmodus u. a. das Stresshormon „Cortisol" gesenkt. Unsere Gehirnwellen beruhigen sich von schnellen Beta-Wellen zu langsamen Beta-Wellen, Alpha-Wellen oder sogar Theta-Wellen. Diese entsprechen einer tiefen Entspannung. Wir reduzieren in der Meditation den Stress in unserem System. Meditation macht glücklicher und zufriedener mit dem eigenen Leben. Tiefes Atmen nimmt die Hektik aus dem Blutkreislauf, den Sauerstoff so schnell wie möglich zu transportieren. Wenn wir flach atmen, dann muss das Ganze schneller erfolgen. Wir atmen in der Meditation wie beim Singen: tief in den Bauch hinein, möglichst auf vier Herzschläge einatmen und auf vier Herzschläge wieder ausatmen. Die Muskelspannungen im Körper werden ebenfalls reduziert.

Dass Meditation Körper, Geist und Seele gut tut, ist mittlerweile wissenschaftlicher Konsens. Sie werden ärztlich verordnet und Krankenkassen übernehmen die Kosten für die jeweiligen Kurse! Meditation wird heute oft gegen depressive Verstimmung empfohlen, und auch bei Asthma und Bluthochdruck wird Meditation durch ärztlich angeraten.

In diesem Buch kommen geführte Mediationen zum Einsatz. Dabei begibt man sich in eine entspannte Ausgangsposition, schließt die Augen und folgt mit der eigenen Vorstellung einer Stimme, die durch die Mediation leitet. Es gibt geführte Meditationen zu fast allen Bereichen der Persönlichkeitsentwicklung: Selbstliebe, Einschlafen, Erfolg, Abnehmen, Heilung etc.

Wir nutzen die geführte Meditation im Kontext mit dem Thema „Werte", um Konflikte zu erforschen und zu durchdringen. Im zweiten Schritt, also mit einer zweiten Meditation, wird dann eine Alternativhandlung implementiert, um in der nächsten Situation diese abzurufen anstelle der Eskalation.

Meditationstipp: meine Webseite

Wer die Wirksamkeit von geführten Meditationen gleich mal ausprobieren möchte, kann sich auf meiner Webseite „Wertebasis" unter „Material" die Meditation „Start in den Tag" (dritter Punkt auf der Seite) mal anhören. Denn nur das, was wir selbst erfahren, können wir auch weitergeben.

In der Meditation lernen wir, uns wieder selbst zu *fühlen* – etwas, das wir oft verlernt haben. Wir sind im Alltag durch eine unglaublich große Zahl an Reizen und Input regelrecht überflutet, sodass wir uns selbst auslagern müssen. Permanent wahrzunehmen, wie überfordert wir sind, würde uns verzweifeln lassen. Also lassen wir das Fühlen weg, um zu funktionieren. Oft sorgt dies jedoch dafür, dass wir gar nichts mehr fühlen. Wir können nämlich nicht entscheiden, nur die negativen Gefühle nicht mehr fühlen zu wollen – wir spüren dann immer weniger von allem. Auch die (Lebens-)Freude verabschiedet sich. Mittlerweile fragen wir uns kaum noch gegenseitig „Wie fühlst du dich?", denn die Antwort darauf kann das Gegenüber oft gar nicht geben, bzw. weiß manchmal, dass die ehrliche Antwort, die kommen würde, unerwünscht ist. Deshalb greifen wir stattdessen auf den Satz zurück: „Wie geht es dir?" – „Gehen" ist ein aktives

Wort. Statt passiv und innerlich zu fühlen, gehen wir ins Außen und spiegelt damit wider, welche Schritte unsere Gesellschaft in den letzten Jahrzehnten gegangen ist.

Wir haben uns immer weiter von uns selbst und unserem Inneren entfernt und verlernt, uns zu fühlen. Das erlernen wir sehr aktiv. Als Kind, im Alter zwischen null und zwei Jahren, sendet unser Gehirn hauptsächlich Theta-Wellen, also eine ganz langsame Frequenz. Im Alter zwischen zwei und sieben Jahren sendet unser Gehirn den Großteil des Tages Alpha-Wellen. Wir befinden uns in einem träumerischen Zustand, in einer leichten Trance, in der die Fantasie vorherrscht. Hier ist alles möglich! Wir sind in einem permanenten Flow-Zustand und können uns mit erfüllenden Dingen stundenlang beschäftigen. Wir erlernen dann nach und nach, dass dieser Zustand uns nicht lebensfähig sein lässt, und tauschen ihn ein gegen die Beta-Wellen. Durch sie können wir leisten und funktionieren.

Ab einem Alter von etwa zwölf oder dreizehn Jahren haben wir die Fähigkeit zum Flow einfach durch Sein nachweislich verloren. Wir müssen aktiv in diese Wellen hineingehen, also uns in einen Zustand bringen, in dem unser Gehirn sie sendet. Sie geschehen kaum noch automatisch. Wenn Jugendliche (und Erwachsene!) nun lernen, sich regelmäßig mit dieser Fragestellung „Wie fühle ich mich eigentlich gerade?" auf sich selbst zu besinnen, in sich hineinzufühlen, den Organismus herunterzufahren und damit den Stress massiv zu reduzieren, ist bereits viel gewonnen. Wir können das immer zwischendurch tun, denn auch uns tut das sehr gut!

Diese kleinen Einminüter, also kurze Sequenzen, in denen man sich in sich hineinfühlt, sind bei mir am Tag regelmäßig eingeplant und bieten sich auch in der Klasse fürs kurze Runterkommen am Anfang einer Stunde oder nach einer Diskussionsphase an. So viel nur grundlegend zum Thema „Meditation". Nun aber wieder zurück zur Praxis:

DIE METHODE „DEN MISTHAUFEN KOMPOSTIEREN"

Wir nutzen die Meditation in der wertebasierten Pädagogik für das Lösen von Konflikten bzw. das Erlernen einer Strategie, um Konflikte anders zu lösen. Wir nennen diese Methode „Den Misthaufen kompostieren"[8], weil sie symbolisch dafür steht, einen Konflikt in etwas Fruchtbares zu verwandeln, an dem wir wachsen können, anstatt davon frustriert zu werden. Um diese Säule zu nutzen, sollten die Werte bereits eingeführt werden, da es im Reflexionsbogen und in den Meditationen auch um die eigenen Werte und das Wertebewusstsein geht. Ein Misthaufen ist das Resultat aus Fehlern, Aktionen, Mustern und problematischen Umständen, die in der Realität entstehen.

Wir gehen in der wertebasierten Pädagogik bei Konflikten immer gleich vor. Und das mag auf den ersten Blick umfangreich erscheinen. Sie können aber beruhigt sein: Es sind viele kleine Schritte, die im Prozess ineinandergreifen, die für sich jedoch gar nicht so viel Zeit benötigen. Anfangs dauert ein Durchgang etwa 20 Minuten, später geht er in fünf Minuten – auch zwischen Tür und Angel.

Es gilt: Übung macht neuronale Netzwerke und damit den Meister! Für jede unserer Gewohnheiten existiert ein neuronales Netzwerk, Sie erinnern sich bestimmt an Kapitel 1. Wann immer wir etwa wiederholen, wird es uns etwas bekannter und fällt uns etwas leichter. Auch diese Methode, mit einem Konflikt umzugehen, ist anfangs neu, wird dann wiederholt und passiert schließlich fast automatisch im Gehirn, auch ohne Meditation und Reflexionsbogen, bis zu dem Punkt, wo es keinen Konflikt mehr gibt.

8 In Österreich wird der Komposthaufen übrigens als Misthaufen bezeichnet. Dass sich ein Misthaufen mit Tierdung nicht in wohlduftenden Kompost verwandelt, wissen wir natürlich.

Wir teilen diese Methode auf in zwei Schritte: einen kognitiven, schriftlichen Teil mit einem Arbeitsblatt, auf dem sich die Jugendlichen selbst reflektieren (anfangs mit unserer Hilfe, nach ein paar Konfliktsituationen schaffen sie das allein!), und einen meditativen Teil.

Werfen Sie nun zunächst einmal einen Blick auf die Fragen weiter unten in der Kopiervorlage zum Kompostieren eines Misthaufens (siehe S. 44), damit Sie einen Überblick über das haben, was ich nun erkläre. Immer wenn ich im Folgenden von Jugendlichen schreibe, meine ich auch Sie selbst, wenn Sie die Methode für sich selbst anwenden, was sich im Vorfeld immer anbietet. Und glauben Sie mir – dabei kommen wirklich wichtige Erfahrungen und Erkenntnisse heraus.

Gedanken hinter dem Kompostieren eines Misthaufens:

1) Hinter jedem Fehler steckt die Möglichkeit, zu wachsen. Übertragen nutzen wir dafür hier das Bild des Misthaufen, aus dem Kompost wird, den wir nutzen können, um etwas Gutes in uns beim Wachsen zu unterstützen. Mit jedem Konflikt lernen wir uns besser kennen. Mit jedem Streit haben wir Möglichkeit, zu lernen und uns zu reflektieren. So können wir beispielsweise aus dem Aneinandergeraten mit einem anderen Menschen erkennen, wie anders dieser Mensch ist und dadurch uns selbst erkennen in unseren Werten. Und damit können wir unsere Integrität leben. Durch Herausforderungen wachsen wir im Leben, und Konflikte zeigen uns immer wieder auf, wer wir selbst sind, da wir uns und unsere Grenzen darin immer wieder neu kennenlernen dürfen.

2) Deshalb dürfen wir lernen, es zu lieben uns an anderen Menschen und ihrer Andersartigkeit zu reiben. Sieh die Möglichkeiten in deinem Leben!

3) Widerstände, die wir gegen andere Menschen haben, sind immer Dinge, die uns an uns selbst stören – entweder wir leben sie ähnlich aus und wissen bzw. wünschen uns, dass es vielleicht anders für uns besser wäre oder wir würden sie gern auch ausleben, erlauben uns das aber nicht.

4) Ein Problem kann nie auf der Ebene gelöst werden, auf der es entstanden ist. Albert Einstein sagte dazu, dass man mit derselben Denkweise durch die Problem entstanden ist, nie zur Lösung kommen wird. Ich kann also nicht im Konfliktfall plötzlich aus dem Nichts anders und neu agieren, wenn ich mein Handeln vorher nicht als Problem reflektiert und erkannt habe. Die Alternativhandlung kommt aus einer emotionalen Klarheit und dem Abstand, die wir in der wertebasierten Pädagogik in der Meditation finden. Die Lösung kommt daher aus einer anderen Ebene und wird zurück übertragen auf die ursprüngliche Ebene. Mehr dazu folgt im Verlauf dieses Kapitels.

5) Das aktuelle Problem ist nie das eigentliche Problem. Unsere Handlungsweisen, die uns in Konflikte führen, sind immer etwas Tieferem geschuldet. Wir werden nie so richtig wütend, weil unser Partner das Geschirr schon wieder auf, statt in den Geschirrspüler gestellt hat, sondern weil wir uns rücksichtslos, respektlos o. ä. behandelt fühlen. Bei Jugendlichen ist es das Gleiche: Es ist nie das Federmäppchen über der Grenze auf dem eigenen Tisch, sondern etwas anderes, das der eigentliche Auslöser ist: das tiefe Gefühl der ständigen Benachteiligung in der Familie im Vergleich mit einem Geschwisterkind, das Sich-nicht-gesehen-Fühlen usw. Wir alle sind unterschiedlich und haben unterschiedliche psychische Wunden. Diese werden im Außen getriggert durch das Verhalten anderer uns gegenüber und unsere Reaktion ist dann eine Reaktion auf die Wunde, nicht auf den Auslöser.

DREI SCHRITTE DER MISTHAUFEN-METHODE

Die Misthaufen-Methode besteht aus drei Schritten, die in genau der Reihenfolge aufeinander folgen müssen.

Schritt 1, kognitiver Teil: Arbeit mit dem Reflexionsbogen (siehe Kopiervorlage S. 44)

Der bzw. die Jugendliche beantwortet die Fragen auf dem Reflexionsbogen. Diesen gibt es in der ausführlichen Version (bietet sich für die ersten Male, in denen ein Konflikt derart bearbeitet wird, an) und in der gekürzten Version. Der Ablauf ist jedoch in beiden Versionen der Gleiche: Zuerst nimmt die Person die Vogelperspektive ein (sie dissoziiert) und betrachtet die Situation von oben. Wichtig ist dabei: Sie muss emotional so weit herunterreguliert sein, dass das möglich ist. Wenn jemand sich in diesem Moment nicht beruhigen kann, dann bitten Sie den Blick zur Decke bzw. nach oben zu richten, da wir dort nicht lange im Gefühlsraum bleiben können (Prinzip aus dem Neurolinguistischen Programmieren, zu finden in Kapitel 7 „Möglichkeiten und Grenzen der wertebasierten Pädagogik", S. 60).

Dann wird geschaut, was schief gelaufen ist, indem die Person für sich allein den Reflexionsbogen erarbeitet. Dabei wird ihr klar, welche Bedürfnisse durch das gezeigte Verhalten erfüllt und welche Werte dabei aber verletzt wurden. Hier sollte eine grundsätzliche Werte erforschende Arbeit bereits vorangegangen sein! Fehlende Klarheit über die eigenen Werte und Bedürfnisse ist die Wurzel von so vielen Konflikten. Bedürfnisse sind immer *schneller* als Werte und kippen diese mitunter, was nach dem Konflikt auch der Teil ist, der den Jugendlichen leidtut. (Darum tun manchen Jugendlichen kuriose Dinge nach dem Konflikt leid und das für uns Offensichtliche manchmal nicht z. B. „Er hatte es verdient, geschubst zu werden, aber das Bild dabei runterschmeißen wollte ich nicht".) Darum fragen wir auch ehrlich nach, ob die Jugendlichen selbst ein Fehlverhalten sehen, und reglementieren es in dem Moment nicht, egal wie wenig Einsicht da ist! Das ist wichtig, denn alle Beteiligten müssen sich in diesem Vorgang anfangs ernst genommen fühlen in ihren Gefühlen und ihrer Sicht des Konflikts. Sonst ist eine wirkliche Klärung der Wurzel des Problems nicht möglich. Als Nächstes wird der Moment identifiziert, in dem die Jugendlichen noch hätten anders reagieren können, anstatt zu eskalieren. Hier dürfen wir vorsichtig sein, sie nicht wieder in Rage zu bringen, da sie sich wieder mit dem Geschehen assoziieren.

Der Beschreibungsvorgang als erster Teil des Reflexionsbogens ist nun abgeschlossen. Nun gehen die Jugendlichen, ebenfalls im gleichen Reflexionsbogen, daran, **Ressourcen zu wecken**. „Wie würden deine *klügeren* Anteile mit der Situation umgehen?" Wenn sie selbst keine Antworten darauf haben, können wir im Nachhinein beim Durchsprechen des Bogens weiter zirkulär fragen.

Zirkuläres Fragen

Das zirkuläre Fragen ist eine Fragetechnik aus der systemische Therapie bzw. dem Neurolinguistischen Programmieren (NLP). Es folgen ein paar Beispiele: Wie hätte der Dalai Lama den Konflikt gelöst? Wie hätte dein Opa den Konflikt gelöst? Wie hätte dein Lieblingsstar den Konflikt gelöst? Wie hätte deine beste Freundin den Konflikt gelöst?

Dadurch werden den Jugendlichen einige weitere Möglichkeiten einfallen. Um sie zu stärken und diese Gefühle zu verankern, fragen wir, wie sie glauben, diese Fähigkeiten nun in sich erschaffen zu können und wie diese verstärkt werden können. Nun geht es daran, eine Handlungsalternative zu gestalten – und da stoßen viele Jugendlichen an ihre Grenzen. Hätten sie in der brenzligen Situation eine funktionierende und zielführende Handlungsalternative gehabt, dann hätten sie wohl auch anders gehandelt.

Darum fragen wir: „Wenn alles möglich wäre – wie möchtest du in Zukunft mit solchen Situationen umgehen?" Das bedeutet nicht, dass wir den Druck durch die Erwartungshaltung aufbauen, dass die Jugendlichen von einem auf den anderen Tag ihr Verhalten ändern. Aber wir erschaffen neue Bilder. – Die anschließende Meditation verankert diese Bilder. Die *Zauberfrage* lautet hier: „Stell dir vor, eine Fee kommt vorbei und du hast einen Wunsch frei für diese Situationen wie diese. Was würdest du wünschen, dass du es für dich schaffst? Welche Fähigkeit würdest du dir wünschen?" Und abschließend folgt die Frage: „Was hast du heute über dich und deinen Misthaufen gelernt? Was für Kompost kommt da heraus, kannst du das schon erkennen?"

Nun haben die Jugendlichen ihren Misthaufen also kognitiv kompostiert. Nun folgt der meditative Teil des Kompostierens in Schritt 2 der Methode.

Kopiervorlage – Reflexionsbogen für Schritt 1: „Den Misthaufen kompostieren" – ausführlich

1) Bitte beschreibe kurz die Konfliktsituation.
2) Wie fühlst du dich jetzt damit? Welche Gedanken gehen dir durch den Kopf?
3) Welche deiner Werte und Bedürfnisse wurden verletzt?
4) Welche Werte und Bedürfnisse der anderen hast du verletzt?
5) Welches deiner Bedürfnisse hat deinen Wert überrannt?
6) In welchem Moment hat sich das entschieden?
7) Ist dir das vorher schon mal passiert? Wenn ja, was war gleich? Was war anders?
8) Siehst du bei dir ein Fehlverhalten? Bitte sei ehrlich!
9) Wie hätte dein fünfjähriges Ich in der Situation agiert?
10) Wie würde dein altes weises Ich damit umgehen?
11) Welche deiner Fähigkeiten nutzen deine anderen Ichs, die du in deinem jetzigen Alter noch nicht ganz ausgepackt hast?
12) Wie können wir diese Fähigkeiten wecken? Was kannst du dafür ganz konkret gerade tun?
13) Wer kann dir dabei helfen? Denk an Freunde, Familie, Lehrkräfte, deine Umgebung ...
14) Dein Plan: Wie möchtest du mit deiner neuen Fähigkeit ab jetzt in brenzligen Situationen umgehen?
15) Welcher ist dein nächster Schritt?
16) Was hast du durch diesen Misthaufen über dich gelernt?

978-3-589-16762-3 | Svenja Strohmeier | Sekundarstufe I – Klassenwerte statt Klassenregeln | Foto: Shutterstock.com/Lightspring

Kopiervorlage – Reflexionsbogen für Schritt 1: „Den Misthaufen kompostieren“ – Kurzversion

1) Beschreibe kurz die Konfliktsituation!
2) Geht es dir gut oder schlecht damit?
3) Was war an deinem Verhalten nicht okay?
4) Was war am Verhalten der Anderen nicht okay?
5) Ist dir das vorher schon einmal passiert?
6) Wie hättest du anders reagieren können?
7) Welche Fähigkeit brauchst du um zukünftig anders mit solchen Situationen umzugehen?
8) Wie können wir diese wecken?
9) Wer kann dir dabei helfen?

978-3-589-16762-3 | Svenja Strohmeier | Sekundarstufe I – Klassenwerte statt Klassenregeln | Foto: Shutterstock.com/Lightspring

Schritt 2: Der meditative Teil

Zuerst führen Sie die Meditation „Einen Misthaufen reflektieren" durch und dann folgt für den Aufbau des Alternativverhaltens die Meditation „Einen Misthaufen kompostieren". Die Reihenfolge ist sehr wichtig! Bitte nicht anders herum durchführen!

Für diesen zweiten Schritt benötigen Sie entweder die MP3s zu den Meditationen (siehe Box unten), die ich eingesprochen habe und die die Jugendlichen allein durchführen können, oder Sie lesen die Mediation selbst vor (siehe Transkriptionen ab S. 47).

Die Jugendlichen gehen mithilfe der geführten Meditation noch einmal durch die Situation hindurch, dissoziieren, und schauen sich alles an. Der Schwerpunkt liegt darauf, die Handlungsalternative nicht nur zu durchdenken, sondern sie auch zu sehen und zu fühlen, und sie so im eigenen System zu verankern. Die Wahrscheinlichkeit, dass sich die Jugendlichen in einer entsprechenden Situation wieder daran erinnern, steigt durch die Meditation enorm!

Die Meditation sollten die Jugendlichen jeweils allein durchführen dürfen, denn dann können Emotionen noch einmal hochsteigen und bekommen auch ihren Raum. Dafür braucht es einfach nur ein Endgerät, Kopfhörer und Raum für sich selbst.

Wenn es eine Schulsozialarbeit gibt, kann der Vorgang dort durchgeführt werden, ebenfalls in einem Auszeitenraum oder einem Gruppenraum, wenn die Aufsichtspflicht gewährleistet ist. Toll ist natürlich auch ein angegliederter Raum an den Klassenraum.

Die Meditationen zum Anhören

Alle Meditationen habe ich eingesprochen und mit Musik unterlegt. Die MP3s finden Sie auf meiner Webseite „Wertebasis" unter „Material" oder Sie können sie mit dem folgenden Webcode abrufen:

cornelsen.de/codes
Codes: Reflexion Misthaufen: hodato
Misthaufen kompostieren: hikinu
Klassenarbeit: cohuka
Start Schultag: fobejo
Klassenzusammengehörigkeit: gejaco

Check-up: Kapitel 5

In Kapitel 5 haben Sie gelernt, wie Meditation *funktioniert* und was dabei in unserem Gehirn passiert. Sie haben eine Möglichkeit kennengelernt, wie Sie mit Konflikten in Ihrer Klasse umgehen können, und dazu einige weitere Meditationen für Ihren Klassenraum bekommen.

Transkription – Meditation: Reflexion eines Misthaufens

Shutterstock.com/CosmoVector

Schließe die Augen und beobachte erstmal nur deinen Atem. Mit jedem Atemzug entspannt dein Körper sich tiefer und tiefer. Atme durch die Nase ein in deinen Bauch, sodass er ganz groß wird. Wenn es anstrengend ist, atme weniger tief.

Nun lasse deine Gedanken mal schweifen. Wohin möchten sie? Zu dem Geschehnis, das nicht ideal gelaufen ist?

Stell dir vor, vor dir entsteht eine Leinwand. Auf dieser Leinwand ist erst ganz viel weiß, und dann siehst du die Situation von außen. Du siehst dich selbst, und du siehst die anderen, die darin involviert waren. Wie sehen sie aus? Was ist auf ihren Gesichtern? Welche Gefühle haben sie wohl? Schau es dir in Ruhe an.

Und nun versetze dich mal in jeden hinein. Geh die Personen nacheinander durch. Was nehmen sie wahr? Wie nehmen sie die anderen in der Situation wahr? Kannst du sie verstehen? Und nun schau dir dich selbst in der Situation an. An welchem Punkt hättest du noch anders reagieren können? Verständnisvoller, ruhiger, freundlicher?

An welchem Punkt ging das nicht mehr?

Und wieso nicht? Wenn jetzt Gefühle wie Wut, Trauer oder Frust in dir hochkommen lass sie da sein, ihren Raum einnehmen und dann geleite sie wieder aus deiner Gaststube der Emotionen heraus. Sie dürfen „Hallo!“ sagen, aber dann dürfen sie auch wieder gehen. Sie haben ja immerhin eine wichtige Botschaft.

Welche deiner Gefühle haben denn zu dem Misthaufen in dieser Situation geführt? Auf wen warst du eigentlich sauer? Waren da Ereignisse in deiner Vergangenheit, die du jetzt auf der Leinwand sehen kannst, in denen du dich ähnlich gefühlt hast? War das Fass vielleicht einfach schon voll? Wenn ja, womit?

Du siehst alle Bilder dazu auf der Leinwand und kannst nun besser verstehen, warum du so reagiert hast wie du reagiert hast. Nicht weil du ein schlechter Mensch bist, sondern weil es einfach zu viel auf einmal für dich war.

Wie kannst du denn deinen Misthaufen jetzt zu Kompost machen? Was kannst du daraus mitnehmen, mit wem müsstest du nochmal reden? Wer kann dir dabei helfen? Vielleicht kommen dir ein paar Ideen, die du entweder in deinen Gedanken wahrnimmst oder als Bilder auf der Leinwand siehst.

Wenn du bereit bist, dann zähle ich jetzt bis drei und dann bist du ganz wach, klar und frisch wieder hier in der Realität. Eins – atme nochmal tief ein, verankere deine Bilder. Zwei – spüre deinen Körper und deine Unterlage. Drei –. bewege deine Hände und deine Füße und öffne in deinem Tempo deine Augen. Nun bist du ganz wieder zurück im Hier und Jetzt.

Die Version zum Anhören ist mit folgendem Webcode abrufbar:
cornelsen.de/codes
Code: hodato

Transkription – Meditation: Einen Misthaufen kompostieren

Schließe die Augen und beobachte erstmal nur deinen Atem. Mit jedem Atemzug entspannt dein Körper sich tiefer und tiefer. Atme durch die Nase ein in deinen Bauch, sodass er ganz groß wird. Wenn es anstrengend ist, atme weniger tief.

Du hast nun mit dem Reflexionsbogen schon eine Menge erreicht. Entspann dich mal in deinen Erfolg! Dir ist klar, dass die Situation so, wie sie gelaufen ist, nicht in Ordnung war, und damit hast du die Hälfte schon geschafft. Nun gilt es, einen Alternativplan zu machen. Was sind deine wichtigsten Werte für einen Konflikt? Was ist dir wichtig? Und was ist für andere wichtig, damit jeder sich sicher und geschützt fühlt, auch wenn ihr einmal nicht einer Meinung seid? Hol dir die leere Leinwand wieder vor deine Augen. Wie im Kino holst du dir nun Bilder darauf. Wie würde die Situation aussehen, wenn ihr anders, ruhiger und verständnisvoller, damit umgeht? Wer hätte was gesagt? Und wie hätte der andere reagiert? Welche Gefühle kannst du am Gesicht des anderen ablesen? Und an deinem? Was fällt dir schwer, was fällt dir ganz leicht? Vielleicht siehst du die Beteiligten einmal tief durchatmen, bevor sie antworten, um die Gefühle nicht herauspreschen zu lassen, sondern ruhig zu bleiben. Welche Taktiken kann es noch für dich geben? Was hat in der Vergangenheit gut funktioniert? Sieh dich selbst nun auf der Leinwand wie du wertvoll und sicher mit der Konfliktsituation umgehst. Und fühl dich in dich selbst auf der Leinwand hinein. Werde du selbst, hör dich die Sätze sprechen, die du sagen möchtest, fühl in das gute, sichere und ruhige Gefühl hinein und lass es sich in deinen ganzen Körper verteilen. Wenn du das nächste Mal in der Situation bist, wird dein Körper sich daran erinnern und dir dabei helfen, dich so zu verhalten, wie du es ab jetzt beschlossen hast zu tun. Spüre, wie gut sich das anfühlt! Und nimm das Gefühl mit, wenn du gleich in der Realität wieder ankommst.

Wenn du bereit bist, dann zähle ich jetzt bis drei und dann bist du ganz wach, klar und frisch wieder hier in der Realität. Eins – atme nochmal tief ein, verankere deine Bilder. Zwei – spüre deinen Körper und deine Unterlage. Drei –. bewege deine Hände und deine Füße und öffne in deinem Tempo deine Augen. Nun bist du ganz wieder zurück im Hier und Jetzt.

Die Version zum Anhören ist mit folgendem Webcode abrufbar:
cornelsen.de/codes
Code: hikinu

Weitere Meditationen

Die im Folgenden beschriebenen Meditationen sind für den Einsatz im Klassenraum gedacht. Sie sind für alle Schüler und Schülerinnen gleichermaßen und auch zum gemeinsam Durchführen geeignet. Die Meditation für den Start in den Tag eignet sich, um die in Kapitel 6 benannten Vorteile der Meditation in den Klassenraum zu bringen und den Jugendlichen einen guten Start in den Tag zu ermöglichen. Die Meditation für die Klassenzugehörigkeit lässt sich einflechten an Methodentagen wo es um das soziale Lernen geht, oder in Zeiten, in denen Konflikte in der Klasse zunehmen. Die Meditation für Konzentration vor der Klassenarbeit darf unmittelbar davor abgespielt oder vorgelesen werden.

Transkription – Meditation zur Konzentration: Vor einer Klassenarbeit

Shutterstock.com/CosmoVector

Schließe deine Augen. Entspanne dich. Atme tief in deinen Bauch und schau deinem Atem einmal einfach zu, wie er in dich hineinfließt und wieder hinausfließt.

Und nun schau ihm mal dabei zu, dass er vermehrt in deinen Kopf fließt. Dort breitet er sich aus und bringt ganz viel deiner Energie mit sich mit. Dein Kopf und dein Verstand füllen sich mit Energie und Sauerstoff, der dir die Möglichkeit bringt, alle deine Gedanken ganz klar zu sortieren.

Du siehst dort in deinem Kopf all deine Gedanken und dein Wissen, und nun sortiere mal bitte deine Gedanken auf zwei Stapel: Alle Gedanken, die mit deiner persönlichen Situation zu tun haben und die dich belasten oder ablenken, werden sortierst du auf den rechten Stapel. Pack alles auf einen Haufen, und schiebe es nach rechts. Das brauchen wir jetzt nicht.

Und auf den linken Stapel packst du alles an Wissen, alles an Erinnerungen und alles an Gelerntem, das du gleich gebrauchen kannst. Schau ihn dir nochmal an, und sei dir sicher: Er wird ausreichen um deine Herausforderung zu bestehen. Du weißt, dass du genügend im Unterricht aufgepasst hast, einiges mitbekommen und Vieles erarbeitet hast.

Nun stelle diesen linken Stapel in den Vordergrund, flute ihn nochmal mit der Energie, die dein Atem mitgebracht hat, und lasse deinen Kopf einmal kurz ganz leer werden. Entspann dich, atme ganz tief. Sei dir sicher – sobald du gleich wieder da bist, ist all dein Wissen dann noch viel besser für dich verfügbar. Entspannen ... und atmen. Entspannen ... und atmen.

Wenn du bereit bist, dann zähle ich jetzt bis drei und dann bist du ganz wach, klar und frisch wieder hier in der Realität. Eins – atme nochmal tief ein, verankere deine Bilder. Zwei – spüre deinen Körper und deine Unterlage. Drei – bewege deine Hände und deine Füße und öffne in deinem Tempo deine Augen. Nun bist du ganz wieder zurück im Hier und Jetzt.

Die Version zum Anhören ist mit folgendem Webcode abrufbar:
cornelsen.de/codes
Code: cohuka

Transkription – Morgenmeditation: Der Beginn eines Schultags

Schließe die Augen und beobachte erstmal nur deinen Atem. Mit jedem Atemzug entspannt dein Körper sich tiefer und tiefer. Atme durch die Nase ein in deinen Bauch, sodass er ganz groß wird. Wenn es anstrengend ist, atme weniger tief.
Nun spür mal in deinen Körper. Ist er noch müde von der Nacht, oder fiel dir das Aufstehen heute ganz leicht? Bist du schon ganz da, oder brauchst du noch etwas Zeit? Lass dir Zeit, sei sanft mit dir und genieße das wohlige Gefühl, dir nochmal ein paar Minuten Auszeit nehmen zu dürfen, jetzt, bevor wir voll aufgeladen in den Tag starten!
Schau dir mal deinen Körper von oben bis unten von innen an. Mit jedem Atemzug atmest du ein wärmendes goldenes Licht ein, das sich erst in den Füßen verbreitet ... dann in deinen Unterschenkeln ... in deinen Oberschenkeln ... in deiner Hüfte. Dort, wo es entlangwandert, füllt es jede einzelne deiner Milliarden Körperzellen mit Energie auf, sodass es beginnt ganz leicht und angenehm zu prickeln. Schau dem Licht und deinem Atem dabei zu, wir sie mit jedem Atemzug mehr von deinem Körper ausfüllen. Das Licht füllt deinen Körper weiter auf mit Energie, deinen Bauch mit allen Organen darin, deinen Magen, deine Nieren, die die Kraftwerke deines Körpers sind und 300-mal am Tag deine kompletten sechs Liter Blut im Körper reinigen. Deswegen kannst du ganz viel Energie an deine Nieren senden. Dann geht es weiter, hoch zu deiner Leber, die wie ein kleines Schlachtpferd für dich deinen Körper entgiftet, ganz selbstverständlich, Tag und Nacht. Atme mal in deine Leber, rechts unter deinen Rippen, und versorge sie mit ganz viel Licht und Sauerstoff. In der Mitte atme nun einmal in deine Lunge, die ganz automatisch jeden Tag über 17.000 Atemzüge nimmt und dich am Leben erhält. Dafür verdient sie ganz viel Energie und Sauerstoff von dir! Atme hier mal ganz tief und langsam hinein, denn dann hat dein Blut extra viel Zeit, den Sauerstoff durch deinen Körper zu transportieren. Wenn du langsamer atmest, muss es sich nicht so beeilen, und dann entspannt sich auch dein Körper noch mit. Und dann geh mit deiner Aufmerksamkeit mal rüber nach links in dein Herz, das am Tag 100.000-mal schlägt, ohne dass du etwas dafür tun musst. Das ist eine riesige Aufgabe, und nie motzt es dabei. Füll jede Zelle mit Energie aus, lass das Licht dort überall hinein und alles auffüllen, was Energie braucht. Und dann atme in deine Arme, bring das Licht und die Energie bis in die Fingerspitzen, atme bis dort hinunter und schaue der Energie dabei zu, wie sie sich in deinen Zellen verankert. Dein Körper freut sich über so viel Aufmerksamkeit und so viel Entspannung, die du ihm schenkst! Und nun konzentriere dich mal auf deinen Kopf und dein Gehirn. Das brauchst du in der Schule ja oft, und du hast über 90 Milliarden Gehirnzellen die für dich arbeiten, sich dauernd erneuern und Dinge behalten, abspeichern, wieder auffrischen und vieles mehr. Ganz viel Energie und Licht und Sauerstoff kann dein Gehirn gebrauchen, und deswegen füllen wir es mal ganz aktiv und etwas länger auf. Und nun lass deinen Kopf mal ganz leer werden. Atme in die Stille, und wenn Gedanken kommen, dann denk sie zu Ende und lass sie dann wieder ziehen.
Nun, zum Ende unserer Meditation, stell dir einmal vor, wie wunderbar dieser Tag für dich werden wird. Sieh vor dir die zahlreichen schönen Momente, die er dir bringen wird, Glücksmomente und fröhliche Momente, und sei dir sicher, es wird ein guter Tag. Danke dir selbst dafür, dass du dir diese Zeit für dich genommen hast! Wenn du bereit bist, dann zähle ich jetzt bis drei und dann bist du ganz wach, klar und frisch wieder hier in der Realität. Eins – atme nochmal tief ein, verankere deine Bilder. Zwei – spüre deinen Körper und deine Unterlage. Drei – bewege deine Hände und deine Füße und öffne in deinem Tempo deine Augen. Nun bist du ganz wieder zurück im Hier und Jetzt.
Die Version zum Anhören ist mit folgendem Webcode abrufbar:

cornelsen.de/codes
+ Code: fobejo

Transkription – Meditation: Klassenzusammengehörigkeit

Shutterstock.com/CosmoVector

Schließt einmal alle eure Augen und atmet tief in euren Bauch. Ihr spürt nun euch selbst, und euer Körper der mit jedem Atemzug ruhiger und entspannter wird. Nun richtet eure Aufmerksamkeit mal auf euch selbst als Gruppe. Ihr seid in einer Klasse, und sicherlich gehören einige schon zu euren Freunden und andere noch nicht. Schaut euch mal mit geschlossenen Augen und in Gedanken in eurer Runde um. Wer fällt euch sofort auf? An wen denkt ihr gern? Mit wem könnt ihr noch nichts anfangen? Und mit wem seid ihr vielleicht schon aneinandergeraten?
Das ist völlig normal. Manche Menschen surfen die gleichen Wellen wie wir, und andere eben nicht. Das ist völlig in Ordnung und auch toll, denn so können wir auch mal andere Standpunkte und Weltanschauungen erkunden als immer nur unsere eigene! Nun schaut mal weiter. Seht ihr glückliche Gesichter? Oder eher angestrengte? Eingeschüchterte? Strahlende? Freundliche? Nehmt einfach nur wahr, was ihr seht und bewertet es nicht. Jeder Mensch ist aus einem ganz besonderen Grund an genau dem Ort, an dem er gerade ist. Du gehörst in diese Gruppe hinein! Was kannst du daraus mitnehmen? Was kannst du lernen? An welchen Herausforderungen darfst du wachsen? Was darfst du genießen? Und was darfst du aushalten? Was dürfen die anderen an dir genießen, und was dürfen sie aushalten? Wie bereicherst du die Klasse, und wo stockt es manchmal noch in deiner Kommunikation mit anderen und auch deinen Lehrkräften?
Nun stell dir ein Licht vor, das euch alle umgibt. Einen Ring, der euch locker und leicht verbindet. Mach ihn so dicht, wie du es möchtest und wie es sich gut anfühlt für dich. Es ist wichtig, dass du hierbei keine Person außen vor lässt. Vielleicht hast du sein oder ihr Strahlen noch nicht entdecken können, und das bedeutet nicht, dass du es nicht noch erkennen wirst.
Gib euch allen eine Chance, zur besten Gruppe überhaupt zu werden. Wir sind Menschen, und es ist eines unserer Grundbedürfnisse, in Gemeinschaft zu leben. Du hast diese Gemeinschaft vom Leben bekommen für einen Großteil der Tage einer Woche und auch für einen Großteil jedes Einzelnen Tages jeder Woche.
Warum also machen wir nicht das Beste draus? – Es gibt keinen guten Grund, um nicht jeden Tag die beste Version unserer Selbst zu sein. Sieh dich jetzt, an diesem Tag, wie du die beste Version von dir selbst bist. Bist du besonders freundlich, mitfühlend, hilfsbereit? Fokussiert auf dein Ziel, mitreißend, inspirierend? Was steckt alles in dir das du heute nach außen zeigen möchtest? Fühle es in jeder deiner Zellen, es ist in dir und möchte nach außen getragen werden. Und nun sieh mit geschlossenen Augen dass jede und jeder aus deiner Gruppe in diesem Kreis das gleiche gerade in sich aktiviert – jeder seine eigene Qualität. Und sieh wie sich alles miteinander verbindet und ihr alle eure guten Eigenschaften und Fähigkeiten miteinander teilt. Ganz selbstverständlich, so einfach darf es sein! Genieße das, bade in den Fähigkeiten, tanke auf. Gebt euch gegenseitig Kraft. Und dann kehre langsam in deinen Körper zurück, konzentriere dich wieder auf dich und deine Atmung in deinem Körper. Nun, zum Ende unserer Meditation, stell dir einmal vor wie wunderbar dieser Tag für dich werden wird. Sieh vor dir die zahlreichen schönen Momente die er dir bringen wird, Glücksmomente und fröhliche Momente, und sei dir sicher, es wird ein guter Tag. Danke dir selbst dafür, dass du dir diese Zeit für dich genommen hast!
Wenn du bereit bist, dann zähle ich jetzt bis drei und dann bist du ganz wach, klar und frisch wieder hier in der Realität. Eins – atme nochmal tief ein, verankere deine Bilder. Zwei – spüre deinen Körper und deine Unterlage. Drei –. bewege deine Hände und deine Füße und öffne in deinem Tempo deine Augen. Nun bist du ganz wieder zurück im Hier und Jetzt.
Die Version zum Anhören ist mit folgendem Webcode abrufbar:

cornelsen.de/codes
Code: gejaco

6 | Potenziale entdecken und entfalten mit NLP und der Wunschtreppe

WIE NEUROLINGUISTISCHES PROGRAMMIEREN FUNKTIONIERT

Das neurolinguistische Programmieren (NLP) ist ein Kommunikationsmodell, das sich zusammensetzt aus Elementen der Psychologie, der Hypnose und der Sprachwissenschaft. NLP ist immer ein zweischneidiges Schwert: Die Methoden können für Coaching genutzt werden, um Ressourcen zu erwecken und Lebensabschnitte zu meistern, oder eben um zu manipulieren, wie es in der Werbung und im Verkauf oft genutzt wird. NLP wird mittlerweile von Coaches, Managern und ganzen Konzernen eingesetzt, um die eigenen Leistungen und die Leistungen des Teams und der Firma zu optimieren.

Wenn wir NLP nutzen, um Ressourcen zu erwecken, dann kann es Schüler*innen helfen, wenn sie Prüfungsangst bekommen. Wir unterstützen sie dabei, sich daran zu erinnern, wann sie das letzte Mal eine Prüfung erfolgreich abgeschlossen haben und dieses Gefühl den Körper erfüllen und den Stress abflauen zu lassen. Unser Körper kann nicht unterscheiden, ob das, was im Kopf gerade passiert, in der Realität geschieht oder nur im Kopf. Das heißt, wenn wir uns im Kopf stressen, wegen einer Prüfungssituation, die später an diesem Tag stattfinden wird, dann wird genau derselbe biochemische Cocktail ausgeschüttet, als ob wir uns gerade in der kritischen Situation befänden. Das bedeutet, dass wir alle Krisen, die wir täglich im Kopf durchstehen, wenn wir uns ängstigen oder sorgen, in unserem Körper reell durchstehen und uns damit selbst massiv schaden. Chronischer Stress macht uns krank.

Gleichzeitig ist dies jedoch auch eine Chance: Wenn wir uns Bilder vor Augen führen, die uns erfüllen und glücklich machen, und uns (wie in den Meditationen) in einen Zustand versetzen und Gedanken hervorholen, die uns stärken und glücklich machen, werden andererseits genau diese Hormone ausgeschüttet, und wir fühlen uns gut und gesunden. Darum hängen wir Poster von Stränden auf und schauen Liebesfilme an: Die sogenannten Spiegelneuronen sorgen dafür, dass wir die Dinge so erleben, als wären wir mittendrin. Nur tun wir das in einer positiven Art aktiv leider sehr selten.

DAS FORMAT „WUNSCHTREPPE“ IN DER KLASSE

Wenn wir das NLP im Kontext der Klasse einsetzen, nutzen wir verschiedene Übungen, sogenannte Formate. Die Visionstreppe als Format stelle ich Ihnen jetzt vor. Wir nennen sie im Schulkontext „Wunschtreppe“, einfach weil Jugendliche sich unter dem Begriff viel mehr vorstellen können.

Bei der Wunschtreppe geht es darum, in die bestmögliche Version des eigenen Lebens in die Zukunft zu reisen, sich dort die Bilder und Gefühle abzuholen, um diese Version zu realisieren, auf die unser kognitiver Verstand nicht kommen würde. Diese Formate bedienen sich des Wissens des Unterbewusstseins. Hier die Verbindung zu schaffen vom **heutigen Ich** zum **zukünftigen Ich** sorgt dafür, dass wir diese Ideen unseres besten Ichs schon im heutigen Ich verankern und somit mehr und mehr zu diesem werden können. Ich erinnere noch einmal an Roger Bannister in der Einleitung und seine Geschichte: Wenn wir keine Bilder von unserer Zukunft haben, lassen wir alles passiv passieren und sind das Opfer unserer Umstände und unseres Lebens. Wir sind dem Zufall unseres Lebens ausgeliefert. Wenn wir jedoch aktiv Bilder erschaffen und auf diese hinwirken, so können wir diese auch erreichen. Und da ist kein Traum zu groß.

DIE LANDKARTE IST NICHT DAS GEBIET

Ein Grundsatz des NLP ist: Die Landkarte ist nicht das Gebiet. Das bedeutet, dass wir alle eine ganz eigene Geschichte mitbringen und demnach auch einen ganz eigenen Blick auf die Welt haben. Wir alle sehen die Welt so, wie sie sind, nicht wie die Welt selbst ist. Durch diese Brille beobachten, bewerten und reagieren wir auf das, was um uns herum geschieht. Das bedeutet, dass Jugendliche oft auf unterschiedliche Möglichkeiten von Freiheit, Selbstentfaltung und Potenzialen ganz unterschiedlich reagieren. Manche Menschen mögen es, eine klare Linie zu verfolgen, ein planbares Leben zu verleben ohne große Überraschungen. Manche Jugendlichen streben nach Abenteuer, Selbstverwirklichung und Potenzialentfaltung auf Ebenen, die in Schule einfach nicht gefragt sind. All diesem werden wir in diesem Format gerecht.

JEDE HANDLUNG HAT EINEN POSITIVEN MOTOR

Ein weiterer Grundsatz des NLP lautet: Jede Handlung hat einen positiven Motor. Egal, wie schrecklich die Handlung am Ende ist, jede Handlung wirkt darauf hin, ein Bedürfnis zu befriedigen oder zu schützen. Wenn wir das wissen, nehmen wir weniger persönlich, sondern sehen die Handlung im Kontext der jeweiligen Person und ihrer Möglichkeiten, die manchmal offenbar sehr beschränkt waren.

Walt Disney sagte, dass wir alles, was wir uns erträumen können, auch erreichen können. Wie das für ihn ausging, ist Geschichte und allgemein bekannt. Unsere Schüler*innen lernen grundsätzlich die Unterrichtsinhalte in den Schulfächern, die unsere Gesellschaft für wichtig erachtet. Wichtig dabei ist, im Hinterkopf zu behalten: Jede Gesellschaft zieht sich in der Schule den Nachwuchs heran, den sie braucht. Schule im Kaiserreich sah daher ganz anders aus als Schule im Nationalsozialismus oder in der Nachkriegszeit.

Welche Gesellschaft ziehen wir uns denn eigentlich heran? CareerCast und weitere Analyse-Unternehmen zählen Berufe auf, die es bald nicht mehr geben wird, wie beispielsweise Postbote, Holzfäller, Druckereimitarbeiter (Papierverbrauch wird immer weniger werden), Servicemitarbeiter wie Reisebüromitarbeiter, Landwirte, Zeitungsreporter, Flugbegleiter, Maschinenführer, Steuerprüfer usw. All die Berufe, die heute mit immer gleichen Abläufen erfüllt werden können, wird es in zwanzig Jahren nicht mehr geben. Da könnte man jetzt sagen: Hey, super! Denn den meisten Menschen macht ihr Beruf ja nun auch gar keinen Spaß. Leben um zu arbeiten, anstatt arbeiten um zu leben ist die Devise, und wir bringen unseren Schüler*innen ja auch schon immer bei: Du bist nicht hier, um Spaß zu haben!

Die Schüler*innen verstehen das mehr oder minder, ergreifen einen Beruf der ihnen *ganz gut liegt*. Das ist oft eben kein Beruf, der ihrem Wesen entspricht, der ihr massives Interesse und ihre Leidenschaft erweckt, nein – dafür ist selten Platz in dieser Wirtschaft! Was passiert nun aber, wenn diese Branchen immer mehr wegfallen? Aus orientierungslosen Jugendlichen werden orientierungslose Erwachsene.

DIE WUNSCHTREPPE ALS PRAKTISCHES FORMAT

Wenden wir uns erst einmal einem positiveren Thema zu. Fühlen Sie sich eingeladen, sich mit ein paar guten Fragen auseinanderzusetzen, um den Umfang und die Bedeutung des Formats „Wunschtreppe“ erfassen zu können:

Aufgabe 1: Wenn alles möglich wäre: Was würden Sie dann arbeiten? Und in welchem Umfang?

Aufgabe 2: Wenn Sie kein Geld bekämen für Ihren Job: Würden Sie ihn trotzdem ausführen?

Ich hoffe, Sie glauben nicht, dass „da sowieso niemand mit Ja drauf antwortet“. Denn so ist es nicht. Ich kenne zahlreiche Menschen, die ihren Job als so erfüllend erleben, dass sie ihn trotzdem ausüben würden. Das Interessante daran ist: Diese Menschen sind so erfolgreich in ihrem Job, dass sie oft eigentlich gar nicht mehr arbeiten müssten. Woran das liegt? An der Zauberformel: Leidenschaft + Talent + Sinn = erfülltes Berufsleben.

Aufgabe 3 (Achtung, schmerzhafte Erkenntnisse möglich!): Wo finden Sie Ihre Leidenschaft, Ihr Talent und Ihren Sinn in Ihrem Berufsleben?

Wenn wir eine Leidenschaft für ein Thema, einen Bereich oder was auch immer empfinden, darin ein gewisses Talent haben, das wir wie einen Rohdiamanten schleifen dürfen (und der wird oft mit Druck geschliffen! Es geht hier nicht um Wischi-Waschi-du-kannst-alles-erreichen-was-du-willst-wenn-du-nur-genug-willst-Gefasel!) und zu dieser Leidenschaft und diesem Talent noch die Sinnhaftigkeit dazukommt, dann erfahren wir uns als *erfüllt*. Wir stehen morgens (meistens) gern auf, wir freuen uns auf den Tag, wir erwarten das Beste vom Leben – und bekommen genau dieses präsentiert. Das ist eine selbsterfüllende Prophezeiung, und wie Sie sicherlich wissen, funktioniert diese auch anders herum. Nämlich als Teufelskreis.

Wir alle – und das haben Neurobiologie und Quantenphysik mittlerweile ausreichend bewiesen – kreieren uns unsere Realität. Das, was uns beschäftigt, nehmen wir auch wahr. Alles andere blenden wir aus. Glauben Sie nicht?

Ein Beispiel, das Sie sicherlich etwas variiert auch schon erlebt haben: Ich kaufe mir ein neues rotes Auto einer seltenen Automarke, und in den darauf folgenden Wochen sehe ich plötzlich überall dieses Auto oder diese Automarke. Ich wünsche mir ein Kind, und sehe plötzlich überall schwangere Frauen oder Mütter.

Waren die roten Autos und die schwangeren Frauen vorher nicht da? Doch, natürlich waren sie es. Aber sie waren nicht wichtig für mich. Jetzt hat mein Hippocampus aber beschlossen, dass sie wichtig für mich sind, und zeigt mir alle diese Informationen im Außen an! Mein Fokus liegt darauf.

Aufgabe 4: Wo haben Sie diesen Effekt schon mal erlebt?

____

____

____

____

Wir nehmen lediglich zwei bis drei Prozent der uns umgebenden Reize wahr. Das ist gut und wichtig, denn wir wären völlig überfordert mit dem ganzen Input durch Millionen von uns umgebenden Reizen. Das heißt, unser Gehirn entscheidet, was für uns wichtig und relevant ist mitzubekommen – und das sind, wenn es uns beschäftigt, rote Autos und schwangere Frauen. Darum ist es so wichtig, unseren Fokus auszurichten: auf das, was wir wollen und auf das, was uns liegt und richtig glücklich macht.

NEUE BERUFSZWEIGE, NEUE PERSPEKTIVEN

Es gibt mittlerweile so viele neue Berufszweige, die sich etablieren durch Onlinepräsenz oder ein Onlinebusiness. Mal ganz abseits der vielseits belächelten Influencer sind das junge Menschen, die für das, was ihnen wichtig ist, durch ihre Präsenz einstehen. Und damit beeindrucken sie andere junge Menschen! Warum reden wir ihnen also aus, das anzustreben und sagen ihnen, dass es nicht reicht? Dass sie eine *solidekursiv* Ausbildung machen sollen, die heutzutage gar nicht mehr so solide ist? Die Corona-Pandemie hat uns da gerade die Augen geöffnet. Ende 2020 haben sehr viele Menschen ihre Chance genutzt und sich im Onlinemarkt etabliert. Das haben wir in der Schule jedenfalls nicht gelernt. Und wir geben es trotzdem so weiter, weil es uns selbst so beigebracht wurde: Weil wir uns selbst nicht vorstellen können, dass es möglich ist, so viel Freude und so viel Erfüllung im Leben zu erfahren.

Ohne viel Druck einen Traumjob mit viel Bezahlung ausführen? – Da wird sofort die innere Stimme laut: „Wo ist der Haken?" Wir werden misstrauisch – das ist zu gut, um wahr zu sein. Und gleichzeitig: Wie viele Menschen leben das aber schon? Wenn wir uns umschauen, sind das gar nicht wenige. Passives Einkommen, wie selbst aufgebaute Onlinekurse zu verkaufen, lassen uns unserem selbstbestimmten Leben so viel näher kommen. Beim heutigen Rentensystem werden drei von vier Frauen, die jetzt zwischen dreißig und fünfzig Jahre alt sind in der Altersarmut landen![9] Wo können wir da von sicheren, soliden Jobs und einer vielversprechenden Zukunft sprechen?

Unsere Erkenntnis daraus lautet: Wir dürfen herausfinden, was unsere Schüler*innen wirklich erfüllt. Wofür sie da sind auf dieser Erde, und welchen Impact sie auf der Welt haben möchten. Worin sind sie gut? Von sich aus schon? Was schätzen die anderen an ihnen?

---

9 Vgl. Wegelin, Natascha (2018): Warum du als Frau von Altersarmut bedroht bist, und was du dagegen tun kannst. https://madamemoneypenny.de/warum-du-als-frau-von-altersarmut-bedroht-bist-und-du-dagegen-tun-kannst/ [abgerufen 03.01.2021]

Wir dürfen uns, genau wie unsere Schüler*innen, erlauben, uns selbst als größte Version unserer Selbst zu erträumen. Dann fördern wir das auch in unserem Umfeld! Wenn ich im Folgenden von „wir“ spreche dürfen Sie das immer im Hinterkopf behalten: Das, was wir an uns selbst kultivieren, kultivieren wir auch in unserem Gegenüber und vor allem in unseren Schüler*innen. Das darf auch eine Zielvorstellung sein: Uns nicht mit uns selbst zu vergleichen, sondern immer nur mit dem Selbst von gestern. Was möchte ich heute noch mehr sein? Wo möchte **ich** mich verändern, verbessern? Wo ist es **mir** völlig egal? **Wir selbst** sind der Mensch, mit dem wir den Rest unseres Lebens verbringen werden. Mögen wir uns? Falls nein – was darf sich ändern, um einen Schritt mehr auf uns selbst zuzugehen?

Die Wurzel des Weges

*Ja, ich weiß, das ist jetzt das komplette Paket, aber diese Grundsätze dürfen wir verinnerlichen, darauf herumkauen, in Widerstände gehen und sie doof finden, um dann zu merken dass sie die Wurzel unseres Weges zu uns selbst sind. – Und so ist es das auch die Wurzel des Weges unserer Schüler*innen zu sich selbst. Wenn wir es schaffen, ihnen ein Beispiel eines Menschen (nämlich uns selbst!) zu geben, der seinen Traum im Leben lebt, nämlich junge Menschen auf ihrem Weg zu begleiten, der gut davon leben kann, und einen Unterschied auf dieser Welt macht – dann schaffen sie das auch für sich selbst. Lassen wir sie groß träumen!*

Nicht alle sind dafür gemacht, ins All zu fliegen, manche schaffen es vielleicht *nur* bis zur Raketentechnik oder werden Manager*in der Orte, an denen Raketen gebaut werden. Und das ist in Ordnung! Ein sinnerfülltes Leben, eine Antwort im eigenen Beruf darauf zu finden, **wofür** wir den Großteil unseres Tages und unseres Lebens verwenden, ist der ultimative Unterschied zwischen hart arbeitendem, erfülltem Menschen und Burn-out.

WAS WIR JETZT BRAUCHEN

Und was brauchen wir jetzt dazu? – Na, neben der oben skizzierten, grundsätzlichen Einstellung dürfen wir vor allem die Wunschtreppe aus dem NLP benutzen. Denn wir erschaffen uns damit Bilder! Die Jugendlichen gehen in ihr Unterbewusstsein und fühlen in sich hinein, was das Schönste des Schönsten in ihrer beruflichen Zukunft ist. Und das wird verankert. Neue Bilder bedeuten neue Ziele, bedeuten neue intrinsische Motivation, bedeuten, den Sinn im Lernen zu finden.

Wenn wir die Frage „Wofür lern ich das?“ nicht mehr frustriert an die Lehrkraft stellen müssen, die darauf auch nicht immer eine Antwort hat, sondern sie uns selbst beantworten können, weil wir wissen, in welchen Arbeitsbereichen das später ein Thema für uns sein könnte, dann ist unser aller Ziel erreicht!

Unser Ziel mit dem Format der Wunschtreppe ist es, unseren Schüler*innen zu zeigen, was in ihrer besten Version in der Zukunft möglich ist: In sechs Monaten, einem Jahr oder fünf Jahre in der Zukunft. Es ist auf diesem Arbeitsmarkt so viel mehr möglich, als noch vor zehn, geschweige denn zwanzig Jahren. Heutzutage gilt der Grundsatz: Wenn du eine Lösung für ein Problem hast, dann kannst du damit Geld verdienen. Der Onlinemarkt boomt wie nie zuvor, und völlig neue Berufsgruppen schälen sich heraus.

EINSATZ DER WUNSCHTREPPE

Vorbereitung

Das Format können einzelne Jugendliche allein mit der Lehrkraft oder auch die ganze Klasse oder eine Gruppe simultan durchführen, wobei jede*r Schüler*in seine eigenen vier Blätter in

Form einer angeordneten Treppe vor sich liegen hat. Die Jugendlichen gehen Schritt für Schritt auf vier verschiedene DIN-A-4-Blätter, die sogenannten Bodenanker, und fühlen in die Informationen, die in diesem Feld sind, hinein. Diese vier Blätter befinden sich auf dem Boden und sind wie eine Treppe angeordnet mit maximal einem Meter Abstand voneinander. Die Jugendlichen werden also Schritt für Schritt von Bodenanker zu Bodenanker weiter entfernt ihre eigene Zukunft schreiten und hineinfühlen.

Auf dem ersten Blatt steht beispielsweise „Mein bestes Ich in drei Monaten", auf dem zweiten steht „Mein bestes Ich einem Jahr", auf der dritten steht „Mein bestes Ich in fünf Jahren" und auf dem nächsten steht „Mein bestes Ich in zehn Jahren" oder gern auch „am Lebensende", je nachdem, wie es besser in Ihr Konzept passt.

Durchführung (siehe auch rechte Seite)

Um zu beginnen, stellt sich die Person auf den ersten Bodenanker. Hier geht sie die fünf Fragen für alle fünf menschlichen Sinneskanäle durch, die wir als Lehrperson stellen dürfen: Was siehst du (**v**isuell), was hörst du (**a**uditiv), was fühlst du (**k**inästhetisch), Was riechst du (**o**lfaktorisch) und was schmeckst du (**g**ustatorisch). Dies ist das sogenannte VAKOG.

Diese Abfrage wiederholen wir auf jeder Treppenstufe. Wichtig hierbei ist es, das **Ziel der Wunschtreppe** vor Augen zu behalten: Soll die Person ein Verhalten ändern, eine Zielvorstellung ihrer Arbeit, ihrer familiären Situation, ihrer Hobbys bekommen? All diese Infos können zusätzlich abgefragt werden, bspw. In der Form von: Wo arbeitest du auf diesem Feld? Mit wem arbeitest du gerade? Was macht dich besonders glücklich an diesem Arbeitsplatz? Und die *Zauberfrage* ist die letzte Frage auf jeder Stufe (jeden Bodenankers): **„Was an diesem Feld ist das Größte, Schönste und Beste?"**

Die Antworten notieren wir uns als Begleitung in dieser Übung, damit den Jugendlichen am Ende der Übung alle Informationen auch kognitiv und bewusst zur Verfügung stehen.

Wichtig ist, dass das Ziel klar ist, bevor wir dieses Format starten. Zielorientierung wird dafür sorgen, dass wir genau diese Antworten auch bekommen!

NACHBEREITUNG DER WUNSCHTREPPE

Bei der Wunschtreppe ist die Nachbereitung wichtig. Die Jugendlichen sollten die Zeit bekommen, auf die einzelnen Anker aufzuschreiben, was es dort erfahren, gesehen, gefühlt etc. hat, so sie sich daran erinnern. Wir geben Hilfestellung. Die Anker können sie mitnehmen und sich bei Bedarf immer wieder darauf stellen. Die Informationen werden erneut abgerufen werden können. Jeder Anker ist ein Feld mit Informationen, auf das wir Zugriff bekommen, wenn wir auf diese Art arbeiten.

Die Ergebnisse der Wunschtreppe auszuwerten, liegt in Ihrem Ermessen. Wenn Sie die Wunschtreppe mit einem Schüler oder einer Schülerin allein durchgeführt haben, dann sprechen Sie gern danach über die Eindrücke und halten sie fest. In der Klasse können im Plenum diejenigen berichten, die das freiwillig möchten. Auch alle, die nichts *gesehen* haben, werden vielleicht etwas gefühlt oder gerochen haben, da ist jeder Mensch unterschiedlich.

Mit jedem Mal, mit dem wir das Format der Wunschtreppe wiederholen, verändert sie sich ein wenig, da jeder Blick in die Zukunft uns selbst ja auch ein wenig verändert und uns eventuell neue Ideen und Ziele gibt. Sie können das Format also im Schulhalbjahr einmal machen und nach einem halben Jahr wiederholen, so wie es in Ihren Plan passt.

6 FORMAT WUNSCHTREPPE: MEINE LEBENSVISION

Anleitung für die Lehrkraft

Material: vier Blätter DIN-A4-Papier in der jeweiligen Lieblingsfarbe pro Teilnehmer, das Papier repräsentiert vier Treppenstufen, . !

Vorbereitung:

Zur Erinnerung an VAKOG:

- Visuell (Sehen): Was siehst du?
- Auditiv (Hören) Was hörst du?
- Kinästhetisch (Fühlen): Was fühlst du?
- Olfaktorisch (Riechen): Was riechst du?
- Gustatorisch (Schmecken): Was schmeckst du?

Anweisungen der Lehrkraft an den Schüler*die Schülerin:

Stell dich mal auf die erste Treppenstufe. Sie ist der erste Schritt in deine Zukunft. Stell dir vor, du wachst morgen auf – und dir ist völlig klar, was du im Leben erreichen möchtest.
Auf dieser ersten Treppenstufe siehst du dich selbst in drei Monaten, wie du in völliger Klarheit deine Ideen und deinen Weg in deinen Traumjob gefunden hast.

VAKOG – Was siehst du, fühlst du usw.

Frage: Was ist das Schönste, das Beste, das Tollste an diesem Feld? Veranker das in deinen Zellen.

Gehe nun einen Schritt weiter.

Auf der nächsten Treppenstufe bist du deinem Ziel schon etwas näher gekommen. Es ist etwas Zeit vergangen, nämlich ein Jahr, und du konntest deinen Traum weiterhin leben. Dein Leben ist noch schöner geworden. Du siehst nun deine Lebenssituation, deine Familie, deine Umgebung. Was nimmst du wahr?

VAKOG
Frage: Was ist das Schönste, das Beste, das Tollste an diesem Feld? Veranker das in deinen Zellen.
Gehe nun einen Schritt weiter.

Auf der nächsten Treppenstufe siehst du noch etwas weiter in deiner Zukunft dich selbst und wie du dich selbst verwirklichst in deinem Leben in fünf Jahren. Du siehst deine Hobbys, deine Urlaube, alles was dir Freude bereitet. Was nimmst du wahr?

VAKOG

Frage: Was ist das Schönste, das Beste, das Tollste an diesem Feld? Veranker' das in deinen Zellen.

Gehe nun einen Schritt weiter.

Stell dir vor, wir springen sehr weit in die Zukunft. Nach einem wundervollen Leben schaust du auf dein Leben zurück. Was nimmst du wahr?

VAKOG

Was ist das Schönste, das Tollste und das Größte an deinem Leben? Veranker das in deinen Zellen.

Komm in deiner Zeit wieder bei dir an, öffne die Augen und schreib dir auf, was du notieren möchtest.

Achtung, Nachbereitung!

Bei der Wunschtreppe ist die Nachbereitung wichtig. Der bzw. die Jugendliche sollte die Zeit bekommen, auf die einzelnen Anker zu schreiben, was er bzw. sie dort erfahren, gesehen, gefühlt etc. hat, wenn die Erinnerung ausreicht. Wir geben Hilfestellung. Die Anker kann er bzw. sie mitnehmen und sich bei Bedarf immer wieder darauf stellen, die Informationen werden erneut abgerufen werden können. Jeder Anker ist ein Feld mit Informationen, auf das wir Zugriff bekommen, wenn wir auf diese Art arbeiten.

Check-up: Kapitel 6

In diesem Kapitel haben Sie das Format „Wunschtreppe" des neurolinguistischen Programmierens kennengelernt. Sie haben ebenfalls gelernt, wie wichtig es ist, sich Bilder zu erschaffen, auf die unser System in unserer Zukunft hinarbeiten kann, und wie wir diese für unsere Schüler*innen zugänglich machen können. Sie haben gelernt, dass jede*r von uns sich selbst die eigene Realität erschafft, und wie wir diese Erkenntnis für uns nutzen können. Ebenfalls kennen Sie nun die für mich wichtigsten Grundsätze des NLP: Jede Handlung hat einen positiven Motor, und die Landkarte ist nicht das Gebiet. Sie haben ebenfalls gelernt, wie Sie sich ein erfüllteres Leben erschaffen können, indem Sie ihr zukünftiges Ich aktiv planen – beispielsweise mit dem Format der Wunschtreppe.

7 | Möglichkeiten und Grenzen der wertebasierten Pädagogik

Ich hoffe so sehr, dass Sie bis hierhin bereits einiges in Ihrer Klasse und in Ihrem Schulalltag ausprobieren und integrieren konnten. Die wertebasierte Klassenführung ist – und das kann ich nicht oft genug betonen! – ein vielschichtiges Abenteuer. Vielleicht haben Sie bereits Mitstreitende in der Schule gefunden, vielleicht hat Ihre Schule die wertebasierte Pädagogik auch bereits zum didaktischen Leitprinzip gemacht. Dazu kann ich Sie nur beglückwünschen, denn das bedeutet, dass dort wirklich ein Unterschied gemacht wird.

MÖGLICHE PROBLEME BEI DER EINFÜHRUNG VON MEDITATION

Wie bei allen neuen Methoden kann es auch bei diesen Methoden Momente des Unverständnisses geben, sowohl bei den Jugendlichen als auch im Kollegium.

Beginnen wir mit der Säule der Meditation: Wenn Schüler*innen es nicht gewohnt sind, sich mit sich selbst auseinanderzusetzen und sich selbst zu fühlen, ziehen sie die Methode gern ins Lächerliche. Der Hintergrund ist, dass wir neuen Dingen, die wir nicht kennen, evolutionär gesehen schon einmal direkt mit Abneigung gegenüberstehen. Diese Abneigung ist ein natürliches Schutzsystem unserer Psyche, die erkennt, dass wir Energie verbrauchen werden, dieses Neue zu untersuchen, auszuprobieren, es einzuordnen und zu bewerten. Unser Sicherheitsbedürfnis kommt ins Spiel. Bequemer wäre es immer erst einmal, das nicht tun zu müssen. Bitte interpretieren Sie diese Reaktion nicht als Ablehnung gegenüber Ihrer Person oder der Wertearbeit an sich. Unsere Schüler*innen sind überfordert mit der Situation und beginnen dann, zu kichern oder Geräusche zu machen. In diesen Momenten stelle ich mich gern hinter sie, berühre sie ganz leicht am Arm und stehe einfach nur da. Wenn sie mich anschauen, bedeute ich ihnen, den Kopf wieder abzulegen und die Augen zuzumachen. Wenn ich die Meditation in der Klasse einführe, hilft es, wenn sich alle Jugendlichen einfach zur Wand drehen, damit sie sich nicht von den anderen angestarrt fühlen. Nach drei, vier Meditationen ist es kein Problem, einfach vom Sitzplatz aus zu meditieren, und spätestens nach dem zehnten Mal sitzt die Hälfte meiner Klasse dann im Schneidersitz, so wie ich, wenn ich meditiere. Gern auf den Tischen, gern auf dem Boden, wo auch immer sie sich wohlfühlen. Es wird ein Ritual, und wie wichtig diese für Schüler*innen sind, ist bekannt.

Wenn sich Schüler*innen der Meditation vehement verweigern, dürfen wir nicht versuchen, sie zu zwingen. Es ist total okay, sich das Ganze erst einmal anzuschauen. Laden Sie sie auf vielfältige Art und Weise ein, ermuntern Sie sie und drängen Sie bitte keinesfalls. Wir wissen nie, unter wie viel Druck diese Schüler*innen ihre Entdeckerlust begraben haben, und es wäre nicht richtig, diesen Druck zu erweitern. Diese Schüler*innen werden von allein in den kommenden Meditationen merken, dass der Rest der Klasse die Meditation von Mal zu Mal mehr genießt und nutzt. Da werden der *Herdentrieb* und die Neugierde dann von allein einsetzen. Und wenn es erst bei der zehnten Meditation soweit ist, ist auch das in Ordnung. Wenn die anderen Jugendlichen versuchen sollten, die Personen zu maßregeln und genervt darauf drängen, sie solle doch mitmachen, dürfen wir einschreiten: Alle dürfen für sich selbst entscheiden! Ich betone dann gern, dass wir alle jeden Morgen von Neuem entscheiden können, wer wir sind und wer wir sein wollen, und was heute gut für uns ist. Morgen gibt es immer eine neue Chance. Wir haben eben alle auch mal einen schlechten Tag. Und gerade, wenn jemand nicht gut in die Klassengemeinschaft integriert ist, fällt es schwer, sich fallen zu lassen. Aber auch hier wirkt die gemeinsame Meditation auf Dauer Wunder.

PROBLEME BEIM NLP

Wenn Jugendliche beim NLP (Wunschtreppe) nichts wahrnehmen oder nichts sehen, dann greifen hier die psychischen Schutzmechanismen. Wenn wir schmerzhafte Erfahrungen gemacht haben, bauen wir unseren Selbstschutz auf. Wenn die Jugendlichen sich trotzdem darauf einlassent, die Wunschtreppe oder eine Meditation öfter durchzuführen, wird sich das Stück für Stück verbessern. Manche gehen so zwar ohne direkt bewusst fassbare Ergebnisse, dafür aber sehr entspannt aus der Übung, was auch ein toller Nebeneffekt ist. Dass die Sinne, mit denen jede*r wahrnimmt (riechen, schmecken, fühlen, sehen, hören), unterschiedlich stark ausgeprägt sind, ist normal. Wir alle haben einen individuellen dominanten Sinn, über den wir am meisten wahrnehmen in diesen Übungen.

Wenn Schüler*innen mit einer Depression diagnostiziert und medikamentös eingestellt sind, so unterdrücken diese Medikamente auch oft diese Gehirnbereiche, die wir bei diesen Übungen benötigen. Wenn wir beachten, dass jedes zehnte Kind in Deutschland nachweislich unter einer Depression leidet[10] (und längst nicht alle Kinder getestet werden; zusätzlich ist jedes vierte Kind zwischen zehn und siebzehn Jahren psychisch auffällig[11]) sehen wir ganz neue Ausmaße der Problematik. Diesen Kindern dürfen wir erklären, dass die Übungen trotzdem funktionieren – nur eben unbewusst. Wenn wir hier den Vergleich von Bewusstsein und Unterbewusstsein anbringen, nämlich der Elefantenreiter gegen den Elefanten aus Kapitel 2, verstehen Kinder uns. Zur Erinnerung: 95 Prozent aller Entscheidungen, die wir täglich treffen, und aller Handlungen, die wir vollziehen, sind unterbewusst. Das heißt: Wenn unser Unterbewusstsein die Übung ohne unser Bewusstsein macht, zeigt sie trotzdem ihre Wirkung. Sie ist nur eben dort abgespeichert, wo wir sie gerade nicht abrufen können.

PROBLEME BEI DER MISTHAUFEN-METHODE

Bei der Misthaufen-Methode können Jugendliche entweder Probleme haben, sich in sich selbst einzufühlen (bindungsorientiert) oder Probleme dabei haben, sich in andere einzufühlen (autonomieorientiert). Diese Orientierung sagt ausschließlich etwas darüber aus, wie dieser Menschgroß gezogen und erzogen wurde, und welche Glaubenssätze er oder sie dadurch entwickelt hat, die ihn oder sie jetzt steuern. Bindungsorientierte Menschen geraten seltener in Konflikte, weil sie sehr damit beschäftigt sind, sich anzupassen und herauszufinden, was der Andere von ihnen braucht und dem zu entsprechen. Autonomiebedürftige Menschen fühlen vor allem sich selbst und ihre Bedürfnisse, und versuchen, sich abzugrenzen. In der Situation selbst und in der Nachbereitung brauchen sie also Hilfestellung.

Hier ist wichtig: Nur weil sie dies bisher nicht gelernt oder oft genutzt haben, bedeutet es nicht, dass sie es nicht lernen können. (Ausnahme bilden natürlich Jugendliche mit psychischen Störungsbildern, welche dieses erschweren oder nicht ermöglichen) Hier hilft schrittweises Einführen der Methode und *betreutes Denken*, mit Hinweishilfen bei den ersten Durchführungen. Dadurch werden neue neuronale Netzwerke geschaffen und neue Fähigkeiten durch Wiederholung erworben. Hier entscheidet sich unter anderem dann, ob ein junger Mensch im späteren Berufsleben teamfähig wird. Und die Konflikte werden allein dadurch reduziert, dass diese Fähigkeiten eben nicht nur in den Konfliktsituationen von ihm oder ihr genutzt werden, sondern auch schon im Vorfeld dieser Situationen.

---

10 Vgl. Holtmann, Martin (o. J.): Depression im Kindes- und Jugendalter. https://www.deutsche-depressionshilfe.de/depression-infos-und-hilfe/depression-in-verschiedenen-facetten/depression-im-kindes-und-jugendalter [abgerufen 03.01.2021]

11 Vgl. FAZ (21.11.2019): Jedes vierte Schulkind ist psychisch auffällig. https://www.faz.net/aktuell/gesellschaft/gesundheit/jedes-vierte-schulkind-ist-psychisch-auffaellig-16496808.html [abgerufen 03.01.2021]

Wir dürfen das Einfühlungsvermögen aktiv auch in der Wertearbeit fördern, indem wir es bei der Anwendung nutzen. „Was würdest du sagen, wie fühlt sich dieser Mensch jetzt gerade?“ Dies zu entwickeln und nach Automatisierung dieses neuronalen Netzwerks automatisch anzuwenden, ist wirklich eine Übungssache.

PROBLEME BEI DER ARBEIT MIT WERTEN UND BEDÜRFNISSEN

Das gewichtigste Problem, das ich in meiner Arbeit wahrnehme, ist, die Schüler*innen dafür zu sensibilisieren, ihre eigenen Grenzen wahrzunehmen und zu bemerken, wenn diese überschritten werden. Natürlich ist es unser Ziel, dass sie dafür ein Gefühl bekommen, aber damit greifen auch die Schattenseiten. Wenn Kollegen und Kolleginnen in unseren Klassen unterrichten, welche dieser Arbeit keinen Wert beimessen, und ihren Unterricht aus Gewohnheit seit Jahren auf die gleiche Art und Weise durchführen, auf Jugendliche treffen, die guten Unterricht und eine faire, transparente Behandlung einfordern, kann es zu Konflikten kommen.

Hier ist es wichtig, dass wir uns weder von Kolleg*innen noch von den Schüler*innen gegeneinander ausspielen lassen. Die Lehrkräfte dürfen mit der Klasse ihre Art von Durchführung des Unterrichts selbst klären, und wir können unterstützend für beide Seiten dabei sein bzw. selbst auch Gespräche führen, wenn es hilfreich ist. Die Kolleg*innen sollten über die neue Art der Klassenführung Bescheid wissen und auch verstehen, dass jetzt nicht plötzlich Anarchie, sprich „Jeder macht was er will!“, in der Klasse herrscht.

Es ist auch wichtig, das den Eltern gegenüber zu kommunizieren! Dies kann in Form eines Elternabends geschehen, eines Elternbriefs oder in Einzelfällen natürlich auch nochmal gesondert im individuellen Gespräch. Und die Jugendlichen dürfen lernen und verstehen, dass jede Lehrkraft individuell natürlich auch eigene Stärken und Schwächen, und auch Bedürfnisse und Werte hat. Im besten Fall definiert diese Lehrkraft ihre eigenen Werte auch einmal für sich und erklärt sie für alle. Wenn nicht, dann nicht. Das muss in Ordnung sein.

Hier dürfen unsere Schüler*innen dann unter anderem auch fürs Leben lernen: Es ist nicht immer alles gerecht auf dieser Welt, nicht immer können alle bekommen, was sie möchten, nicht immer wird Rücksicht auf jede*n genommen, und manchmal heißt es einfach „Arschbacken zusammenkneifen und kleine Brötchen backen“. Sein Standing zu finden und zu halten, gut klarzukommen, auch mit Menschen, mit denen man nicht die gleichen Werte teilt, ist eine Schlüsselkompetenz im späteren Berufsleben und im Alltag in dieser globalisierten Welt!

Wir alle hatten früher strenge Lehrkräfte, und ich möchte Sie einladen, sich an mindestens eine Qualität zu erinnern, welche Sie durch diese Lehrkraft erlernt bzw. eine Fähigkeit, welche Sie erworben haben. Da wird Ihnen bestimmt eine einfallen. Wir lernen am meisten in schwierigen Situationen. Es ist immer eine Chance im Misthaufen versteckt.

Ich kann Sie ermutigen, Ihrer Schulleitung im Voraus von Ihrem Vorhaben der neuen Klassenführung zu berichten, sehr wahrscheinlich werden Sie auf Zustimmung stoßen. Eventuelle Unklarheiten können hier auch geregelt werden! Auch den Eltern meiner Klassen berichte ich am Schuljahresbeginn von der geplanten Klassenführung. Hier habe ich bisher nicht einmal Gegenwind in verschiedensten Klassen bekommen, und es wurde mir auch nicht berichtet von Kollegen und Kolleginnen, denen das passiert wäre. Natürlich dürfen wir trotzdem mit guten Argumenten, die Ihnen dieses Buch liefert, vorbereitet sein.

Check-up: Kapitel 7

In diesem Kapitel haben Sie erfahren, welche Probleme in den vier Säulen typischerweise auftreten können, wenn wir beginnen, die wertebasierte Pädagogik in der Schule umzusetzen, und Sie haben auch Strategien an die Hand bekommen, wie Sie mit diesen umgehen können. Besonders wichtig ist hierbei, Kollegen und Kolleginnen, Eltern sowie Ihre Schulleitung über Ihr Vorhaben zu informieren!

Ein paar letzte gute Fragen

Aufgabe 1: Reflektieren Sie bitte für sich: Was hat Sie in diesem Buch am meisten bewegt? Welche Übungen nehmen Sie auf jeden Fall mit, und welche lassen Sie hier?

Aufgabe 2: Welche Umsetzungsprobleme sehen Sie für sich, und was braucht es, um diese anzugehen?

Aufgabe 3: Inwiefern hat dieses Buch sie bereits jetzt verändert?

Schlusswort

Wenn Sie bis hierhin gelesen und die eine oder andere Methode auch bereits selbst ausprobiert haben, Ihre Werte definiert oder die Wunschtreppe erforscht haben, dann hat sich Ihr Leben mit Sicherheit durch dieses Buch jetzt bereits verändert. **Wir können uns nicht *nicht* verändern, wenn wir uns selbst kennen und *erkennen* lernen.**

Wenn Sie in einem wertebasierten Klassenraum arbeiten, so darf ich Sie ermutigen, sich auf Diskussionen über Werte und Bedürfnisse und verschiedenste Perspektiven einzulassen. Schüler*innen fühlen sich selten mehr gesehen, als wenn sie in ihrem Meinungsbild erkannt und anerkannt werden, begleitet ihre Perspektiven erforschen, reflektieren und eventuell verändern dürfen. Dadurch erziehen wir mündige Bürger*innen in einer Demokratie und entsprechen so viel mehr als unserem Bildungsauftrag.

Oft werden wir dabei feststellen, dass diese Jugendlichen das erste Mal wahrnehmen, dass sich jemand wirklich für sie interessiert. Diese Schüler*innen sind zahlreicher als man denkt, und diese werden sich ein Leben lang an Sie erinnern. Hier machen Sie einen unfassbar wertvollen Unterschied.

Und dafür möchte ich Ihnen aus tiefstem Herzen danken! Sie sind in dieser Rolle in der Welt nicht selbstverständlich! Wenn Sie möchten, tauschen Sie sich so gern in unserer Community zu Ihren Erfahrungen mit der wertebasierten Pädagogik aus, in der Facebook-Gruppe „Wertebasis“ bin ich, mein Team und sehr viele Mitstreitende zu finden. Zu diesem Buch gibt es ebenfalls einen Onlinekurs, der Sie durch die einzelnen Lektionen noch umfassender und etwas persönlicher führt. Auch hier sind Sie herzlich willkommen! Jetzt bleibt mir, Ihnen ganz viel Freude zu wünschen beim Ausprobieren, Durchführen und Reflektieren der vielen Inhalte in diesem Praxisbuch.

Eine letzte gute Frage, meine Lieblingsfrage, möchte ich Ihnen am Ende des Buches noch mitgeben.

Wenn alles möglich ist:

Wer möchten Sie sein in dieser Welt?